考拉旅行 乐游全球

■说走就走的旅行 有我,就是这么简单! ■一书在手,畅游无忧

VIETNAM GUIDE
畅游越南
就这本超棒!

总策划 黄金山
《畅游越南》编辑部 编著

华夏出版社
HUAXIA PUBLISHING HOUSE

目录 CONTENTS
畅游越南 VIETNAM GUIDE

LOOK!越南!	010
越南面孔!	011
TIPS!越南!	016
GO!越南交通!	018
速报!10大人气好玩旅游热地!	020
速报!10大无料主题迷人之选!	024
速报!10大人气魅力平民餐馆!	028
带回家!特色伴手好礼!	032
超IN!7天6夜计划书!	036

1 河内 051

旧东门	052
还剑湖	052
三十六行街(36 Bank Street)	053
巴亭广场(Quang Truong Ba Dinh)	054
越南历史博物馆	058
军事博物馆	059
玉山祠	060
河内大教堂	061
文庙	062
越南国家美术馆	063
越南妇女博物馆	063
河内歌剧院	064
升龙水上木偶剧院	064
镇武观	065
越南民族博物馆	066
河内西湖	067
镇国寺	069
白马寺	070

2 下龙湾　083

下龙湾风景区　084
吉婆岛　087
巡洲岛　090
水上海鲜市场　091

3 顺化　093

顺化皇城　094
天姥寺　100
嘉隆陵　100
启定陵　101
明命陵　102
嗣德陵　103

华庐监狱博物馆　071
Dong Xuan市场　072
Craft Link慈善商店　073
高级丝织品连锁店"Khai Silk"　074
Sapa Store　075
Hanoi Smile漆器店　075
Cam Chi Food Street　075
安贡馆（Quan An Ngon）　076
吕望炙鱼脍（Cha Ca La Vong）　077
香塔（Perfume Pagoda）　077
Bát Tràng制陶村　078
Van Phúc丝绸村　079
La Mát养蛇村　080
陆龙湾（Tam Coc）　080
菊芳国家公园（Cuc Phuong National Park）　081

绍治陵	104
斗兽场	105
东巴市场	106
香河航行	107
圣母大教堂	108
妙谛国寺	108
顺安海滩	109
巴马国家公园	109

④ 岘港　111

岘港大教堂	112
山茶半岛	113
占婆雕刻博物馆	115
五行山	117
海云关	118
巴拿山	119

⑤ 会安　121

会安古城	122
日本廊桥	126

冯兴古宅	127
历史文化博物馆	128
陶瓷贸易博物馆	129
沙黄文化博物馆	130
福清寺	130
关帝庙	131
新奇屋	132
古岱海滩	133
美山遗址	133

❻ 芽庄　　135

芽庄大教堂	136
龙山寺	137

婆那加占婆塔	138
芽庄海滩	139
芽庄四岛游	140
珍珠岛	141
钟屿石岬角	142
芽庄国家海洋博物馆	142
Thap Ba温泉中心	143

❼ 大叻　　145

春香湖	146
大叻花园	147
大叻天主教堂	148
大叻电视塔	148

大叻火车站	149	统一宫	165
浪平山	149	钻石购物中心	166
灵福寺	150	圣母玛利亚天主堂	167
大叻市场	151	Dong Khoi购物大街	167
情人谷	152	胡志明市大剧院	168
保大3号避暑行宫	154	Caravelle酒店	169
疯狂屋	155	Continental Saigon酒店	170
庞卡尔瀑布	156	胡志明市博物馆	171
达坦拉瀑布	157	越南历史博物馆	172
		胡志明市美术博物馆	173

❽ 胡志明市　　159

		西贡中央清真寺	174
		拉希姆清真寺	175
西贡河	160	滨城市场	175
草禽园	161	PHO2000河粉店	176
西贡水上公园	162	Highlands Coffee	176
中央邮局	163	Au Manoir De Khai	177
胡志明人民委员会总部	164	马里阿曼印度庙	177

玉皇庙	178
战争遗迹博物馆	179
Blue Ginger	179

⑨ 胡志明市周边   181

堤岸观音寺	182
平西市场	183
堤岸唐人街	184
福安会馆	185
觉林寺	186
觉圆寺	187
天后庙	188
安东市场	188
Pho Oso	189
古芝地道	189
高台教圣地	190
头顿海滩	191
耶稣山	192
龙海海滩度假村	193

美拖	194

⑩ 越南其他   197

永隆水上市场	198
Cai Rang水上市场	199
富国岛	200
安泰群岛	201
芒街	202
美奈	203
巴贝国家公园	207
沙巴	208
北河市集	212
维莫隧道	212
吉仙国家公园	213
滇越铁路	213

索引   214

出游需要个好帮手

《畅游世界》系列图书即将付梓,编者嘱我写序。我曾经从事旅游出版工作十余年,对旅游图书有些感觉,在这里谈一点感言,权作交差吧。

人生数十载,不外乎上学、工作、生活三部分内容。上学和工作乐趣不多,压力不少;只有生活(上学和工作之外)能够品尝出些许味道。而这其中,最有意思、最令人向往、最能给人带来欢乐与回味的生活方式便是旅游,尤其对于当今生活节奏快、成本高,工作压力大、收入低,人口密度高、服务差,整天像牛马一样机械地干活的都市人来说,旅游是一服综合的良药,虽不能说包治百病,却是良效多多。记得哲人歌德说过:"大自然是一部伟大的书。"而旅游就是阅读这部大书最为轻松愉悦的方式。一次短暂的旅游,可以使心灵得到长时间的安宁与抚慰;一次遥远的旅游,可以领悟人生的坎坷,体验生命的精彩;一次艰辛的旅游,留下的是难忘的记忆;一次快乐的旅游,带来的更是值得珍藏的财富。总之,旅游陶冶人的情操,愉悦人的身心,给人的生活带来无尽的希望与力量。

一次成功的旅游,需要做好三个阶段的工作:行前准备、途中指引、归来总结,而一本好的旅游指南书都能帮您搞定。虽然说现今的网络发达时代,利用各种固定的、移动的电子设备,可以查询相关旅游信息,方便快捷,但我对这些东西其实并不感冒,起码目前是这样,因为网上的信息东拼西凑、复制粘贴的太多,新兴的数字出版领域从行规建设、人员素质、质量控制等等诸多方面,要比已经发展了近百年的传统纸质图书行业稀松得多,可信度自然也就大打了折扣。数字出版物要想俘住广大读者的心,还有很长的路要走。所以,我建议出游的人们目前携带一本精要实用的纸质旅游指南书,还是明智的选择。

书店的旅游指南销售柜台已经摆满了花花绿绿的多家产品，各有优劣，读者尽可随意挑选。如果要我做个推荐，我自然要首推华夏出版社的"华夏行者——《畅游世界》"系列。这是一套为旅游爱好者量身定制的旅游指南书，通篇贯穿着一个宗旨，那就是让旅游者"畅"，食住行游购娱一路顺畅，惊喜快乐。书中对目的地的地理、气候、人文、区划、交通等作了详尽的介绍，还对当地的旅游热点、风味美食、平民餐馆、伴手好礼以及购物佳地等都进行了精选归纳和说明，最重要的还是本书精心设计的几天几夜游，它对于那些没时间计划或不会计划的忙人或懒人来说，很是管用，让您无须计划，拎起本书即可坦然上路。至于它是否具备优秀旅游指南的各项要素，诸如全面性、准确性、实用性、针对性、时效性、美观性等等，我便不再废话，说多了有"王婆卖瓜，自卖自夸"嫌疑，读者用过了，自然便有了答案。

　　仁者乐山，智者乐水。对于热爱生活的人们来说，旅游的步伐，从来都是风雨无阻，愿携带《畅游越南》出行的人们，畅来畅往，快乐安康。

华夏出版社社长、总编辑

LOOK!越南!

1 概况

越南全称越南社会主义共和国,这个南北长达2000公里、呈S形的国土上旅游资源十分丰富,融合了东方的神秘色彩和法国的浪漫风情,其中有5处风景名胜被联合国教科文组织列为世界文化和自然遗产。首都河内宁静闲适,充满了社会主义特色;胡志明市遗留着大量法式建筑,充满法式风情;下龙湾被誉为海上桂林;芽庄是一座风情万种的海滨都市;美奈是风筝冲浪者的旅游天堂。历史悠久的越南自古以来就与我国联系紧密,在这片国土上既有具千年历史的古老皇城,也有颇具欧陆风情的西方建筑,更有反映越南人民英勇抗争历史的革命遗迹。每年数以百万计的游客从全球各地来到越南首都河内市、胡志明市、广宁省的下龙湾、古都顺化、芽庄、藩切、头顿等观光胜地。加之越南农产品丰富,各种水果非常便宜,物价指数也低,非常适合旅游。

2 地理

越南位于中南半岛东段,和我国广西、广东、海南隔北部湾相望,北部与我国云南省、广西壮族自治区等接壤,西部和柬埔寨、老挝交界。越南是一个地靠世界最大陆地板块的海边国家,毗邻世界最大的海洋,海岸线长3260多公里。总面积约33万平方公里,地形主要是丘陵和茂密的森林,平地面积不超过20%,山地面积占40%,丘陵占40%,森林占75%。北部地区由高原和红河三角洲组成。东部分割成沿海低地、长山山脉及高地,以及湄公河三角洲。北部地区的红河三角洲和东部的湄公河三角洲是最主要的粮食产地及经济中心。

3 气候

越南地处北回归线以南,属热带季风气候,虽然各地不太相同,但总的特点是气温高、湿度大、风雨多,年平均气温为24℃左右,最高温度可达37℃,年平均降雨量为1500~2000毫米。越南南北气温差异较大,北方分春、夏、秋、冬四季,气温变化较大,最热为7月,月平均气温约29℃,最冷为1月,月平均气温约15℃,有时也会冷至5℃,在山区和高原地区,有时也冷至0℃以下,但终年不下雪。南部靠近赤道,雨旱两季分明,年温差很小,最热的时间为4月,月平均气温约29℃,最冷的为12月,月平均气温也有26℃左右。大部分地区5-10月为雨季,11月—次年4月为旱季。

4 区划

越南全境分为安江、北江、北件、薄辽、北宁、巴地头顿、槟椥、平定、平阳、平福、平顺、金瓯、高平、得乐、得农、奠边、同奈、同塔、嘉莱、河江、海阳、河南、河静、和平、后江、兴安、庆和、坚江、昆嵩、莱州、林同、谅山、老街、隆安、南定、义安、宁平、宁顺、富寿、富安、广平、广南、广义、广宁、广治、朔庄、山罗、西宁、太平、太原、清化、承天顺化、前江、茶荣、宣光、永隆、永富、安沛共58个省和芹苴、岘港、海防、河内、胡志明市共5个直辖市。

5 人口、国花和国鸟

越南总人口为9600多万人,有54个民族,京族占总人口近90%,岱依族、傣族、芒族、汉族、侬族人口均超过50万。国花为莲花,以它作为力量、吉祥、平安、光明的象征,还把莲花比喻成英雄和神佛。总之,一切美好的理想皆以莲花表示。国鸟为橙胸叶鹎。

越南面孔！

NO.1 湄公河

　　湄公河是亚洲最重要的跨国水系，这条河发源于中国唐古拉山的东北坡，在中国境内叫澜沧江，流入中南半岛始称湄公河。湄公河自北向南流经中国、老挝、缅甸、泰国、柬埔寨、越南等多国，最后在越南境内形成了230平方公里的三角洲。这里可以说是越南文明的起源地之一，越南最大的城市胡志明市就位于湄公河三角洲上。湄公河是越南的母亲河，人们可以在这里看到真实的越南农业劳动情景，感受到越南南部真挚的风土人情，细细体会这蜿蜒的河畔张扬的美丽与富足。

NO.2 下龙湾

　　下龙湾是越南最著名的世界遗产，这片1500多平方公里的海湾内拥有3000多座形态各异的石灰岩岛屿，它们经过亿万年的海水冲刷，呈现出壮丽非凡的景观，将喀斯特地貌无与伦比的美完全显现了出来。很多岛屿上还有光怪陆离的洞窟，洞内的石钟乳、石笋、石柱等变化万千，有的宛如蛟龙出海，有的又似雄鹰展翅，有的好像金龟探头，有的仿佛孔雀开屏，可谓一步一景，构成一幅幅纯天然的绝美画卷，让人目不暇接、流连忘返。还因其景色酷似中国的桂林山水而获得"海上桂林"的美誉。

畅游越南　推荐

NO.3 越南美食

越南饮食受到中国菜和法国菜的影响，且有南洋特色，在东南亚各国中独具一格，还分作南北中三个主要流派。和大部分东南亚特色料理的酸辣重口不同，越南菜讲究味道清淡精致，口味酸甜加上些许辣味。猪肉、牛肉、鸡肉、虾、扇贝和各种海鲜是主要食材，烹调时添加蔬菜的比例高，注重清爽原味，主要的料理方法有蒸、煮、烧烤、凉拌等。此外，在越南菜中最常用的调味料当属鱼酱，这种以鱼和盐发酵而来的调料丰富了原本很单一的口味，在当地极为风行。越南风味名小吃十分丰富，尤以春卷、莲荷饭、螺狮粉、鸡粉、牛肉粉、虾饼、肉粽最为物美价廉。

NO.4 三十六行街

古建筑和古街区是在越南旅游绝不容错过的，尤其是首都河内最著名的旅游区之一"三十六行街"，被称为越南生活变迁的"活化石"。区内历史在100年以上的古建筑近千栋，有独具特色的越南古民居和佛教庙宇，也有法国殖民政府时期的老房子。这些街巷在古代都是某一种行业聚集之地，比如丝绸街、银楼街、稻米街等等。如今大街上的很多古老店面早已不见踪影，但是那些旧式建筑却依然保留了下来。漫步在这些古街上，仿佛历经了越南各个历史时期一般，故又被当地人称为"河内之灵"。

NO.5 欧洲殖民建筑

越南历史上曾经被欧洲殖民者统治近一个世纪，因此也留下了很多欧式风格的建筑，矗立在众多的传统民居当中非常显眼。这些欧式建筑很多都成了当地重要的行政部门和旅游景点，包括胡志明市的统一宫、人民委员会，河内的河内大剧院等建筑，都是展现越南多种文化相融合的好地方。虽然法国殖民统治在越南早已结束，但法国式浪漫的生活情调在西贡却依然处处可见。如果没有满街骑着摩托车川流不息的越南人，置身在这些建筑当中，总会产生一种身处巴黎的错觉。

NO.6 少数民族风情

因其特定的地理位置和历史条件，越南形成了一个多民族共存的国度，全国共有54个民族。这里生活着很多少数民族原住民，他们拥有自己独特的文化。在越南的不少地方都能看到这些少数民族聚居的村落，其中巴那族的高脚楼、嘉莱族的墓室、埃德族的长屋等都是最为经典的少数民族文化展示。在那些村落中还能买到各式各样的手工艺制品。此外每年还有苗族的七月七、瑶族的盘王节、泰族的祭寨节和南方高棉族的泼水节、祭月节等较具民族特色的节日。少数民族十分喜爱歌舞，岱依族和侬族在许多场合都要对歌，较有名的舞蹈有泰族的灯舞、苗族的芦笙舞、高棉族的孔雀舞等。如果没有机会一一亲历，游客也可去河内的越南民族博物馆领略这些文化的韵味。

畅游越南 推荐

NO.7 木偶戏文化

越南木偶戏有近千年的历史,民间最主要的传统娱乐方式就是欣赏木偶戏。除了陆上木偶戏,越南还有世界上独一无二的水上木偶戏。这是一种发源于越南李朝时期的艺术表演,流传于红河三角洲一带,以水面为舞台,表演者需要长期地泡在及胸的水中,将自己藏在长布幔后,以竹棒来操弄木偶。最值得赞叹的不单单是他们熟练的控绳技术,还有他们令人拍案叫绝的配声技巧。这种表演在越南很多地方都可以欣赏到,其中位于还剑湖东北的升龙水上木偶剧院可以说是最热闹的地方。这里的舞台搭建在水上,整个戏剧和水面环境很好地结合了起来,让人很容易就沉迷其中。

NO.8 奥黛

在越南还随处可见一道亮丽的风景,那就是穿着在越南女人身上的一袭袭传统服装——奥黛。奥黛是越南的国服,它通常使用丝绸等软性布料制成,上衣是一件长衫,类似中国旗袍,胸袖剪裁非常合身,突显女性玲珑有致的曲线,两侧开高叉至腰部,下半身配上一条喇叭筒的长裤,走路时前后两片裙摆随风飘逸。奥黛的历史可以追溯到公元39年,北方的越南女人为了纪念一对勇敢抵抗北方入侵者的姊妹,开始穿起剪裁宽松、有着四片裙摆的衣服。如今越南政府鼓励妇女在正式场合穿着国服。例如,春节时普遍穿红色的,丧礼穿黑色,婚礼以粉色为最佳。大中院校的女子校服定为白色国服,以象征少女的纯洁。

NO.9 槟榔

越南人食槟榔的习俗有着悠久的历史。他们嚼槟榔果时，把一种叫"蒌"的藤类植物叶子和蚌灰一起放在嘴里，嚼到三种东西起化学反应，变成血红色汁后，再把渣子吐出来。这三种东西的结合，象征着骨肉之间的团结和睦，被视为吉祥物。嚼槟榔可使人兴奋，脸颊潮红，有提神生津、利尿、消暑解胸闷、消水肿、防口臭、泄唾沫、除山岚瘴气等益处。久食牙齿和双唇会变成黑红色，被视为传统美的标志。如今槟榔已深入到了越南社会生活的方方面面，不仅是越南人平日的小食品，也是民间传统庆典、庙会活动和家庭红白喜事中最不可缺少之物，承载着浓厚的民族文化意义。

NO.10 摩托车

越南人对摩托车情有独钟，几乎每家都拥有一辆以上的摩托车。一个8000万人口的国家，竟有600多万辆摩托车驰骋在城镇乡间，而且这个数字还在以每年几十万辆的速度增长，不能不让人惊叹。所以越南也被称作"摩托车上的国家"。摩托车合理的性能价格比是人们将它作为首选交通工具的直接原因，和自行车以及电瓶车相比，摩托车可以行驶更远的距离，加上交通基础设施发展迟缓，更促使摩托车在越南走俏。进入市区，首先给人的第一印象就是街上行驶的摩托车密密麻麻如同蚂蚁一般，呼啸着从街巷驶过。当落日的余晖还未完全隐去时，街头涌动的摩托车流便逐渐汇成一片海洋，场面蔚为壮观。

TIPS!越南!

❶ 如何办理赴越南旅游观光手续及相关注意事项

越南的签证共分旅游、商务、长期商务等不同类别,有效期分别为1个月、3个月和半年等。自2004年9月12日起,通过公路、铁路和水路进入越南境内的中国公民无须办理签证,只需要凭特别通行证就可由广宁、谅山、河江、高平、老街和莱州口岸进入越南境内观光。中国大陆公民赴越南观光旅游可以参加旅行社的团体旅游,也可以选择自由行个人游签证申请。越南签证申请手续非常简单,拒签概率小,且已开通落地签。团体旅游签证可委托旅行社代办,个人赴越南旅游签证具体办理手续如下:

个人观光签证申请(个人游)	
申请资格	目前,只要有足够的经济能力进行家庭旅行或者个人旅行者,都可以申请个人观光签证。
所需证件	1. 至少留有两页空白签证页,剩余有效期超过6个月的个人护照正本,护照尾页需申请人亲笔签名; 2. 两寸个人近期彩色证件照2张; 3. 在签证处柜台领取签证申请表以及申请登记表3张,现场填写并粘贴照片; 4. 暂住证原件及复印件(户口所在地不属于申请签证的领事馆管辖范围的)。
越南驻华使馆	地址:北京市朝阳区光华路32号 电话:010-653211559(越南还在上海、广州、南宁、昆明、香港驻有领事馆,联系方式可自行查询)
所需费用	400元人民币
领取证件	申请受理后,按照回执上标明的取证日期到指定部门领取证件。领取时应携带本人户口簿、居民身份证和回执,并在交付证件(签注)费用后取证。取证后一定要认真核对证件及签注的各项内容,防止出现差错。
注意事项	如果持有中国至第三国签证的游客需要通过越南机场转机,则无须申请越南签证。
签证延期	如需签证延期,建议委托旅行社办理,成功率大一些,在河内、胡志明均可办理。

*上述介绍仅供参考,具体申请手续以当地有关部门公布的规定为准。

❷ 出入境须知

　　中国游客赴越南观光旅行出入境时一定要据实申报所携带行李物品，不得走私、漏税、携带违禁物品或超过限量。中国海关规定每名出国游客最高可随身携带等值5000美元的现金，如果随身携带摄像机和变焦照相机，也必须依照海关规定申报。此外，自2004年9月12日起，通过公路、铁路和水路进入越南境内的中国公民无须办理签证，只需要凭特别通行证就可由广宁、谅山、河江、高平、老街和莱州口岸进入越南境内观光。

　　根据国际惯例，越南的边检部门有权审查进入该国境内的旅客，如拒绝旅客入境也不需说明理由。个别越南海关人员有时会故意拖延检查物品的时间索要贿赂，中国游客如果在越南入境时受阻，可选择向机场边防如实说明入境或过境事由，了解受阻原因。如果语言不通，可以要求对方提供翻译，在无法解决问题的时候可以联系我国驻越南大使馆，但一定要注意不要在看不懂的文书上签字。越南出境免税的物品有以下几项：香烟200支、雪茄烟50支、烟草250克、酒类1公升。此外需要注意的是，由于越南货币管制严谨，旅客出境的时候禁止携带大额越南货币，在离境前游客可在机场银行将身上剩余越南盾兑换成美元或人民币，避免不必要的麻烦。

畅游越南 推荐

GO!越南交通!

1 飞机

越南河内、岘港和胡志明市这三座大城市都建有大型国际机场,目前已经开通了和全世界20多个国家之间的对开航班,中国游客可以从我国的北京、上海、广州、昆明等城市每天乘航班直接飞往河内和胡志明市,非常便利。

越南国内航空线路比较发达,从首都河内和胡志明市都可以乘飞机前往各个旅游城市,但越南航空公司在售票时会针对外国游客售卖比本地人贵一倍的高价票,而且河内与胡志明市机场还要收取机场税,因此对背包客来说乘飞机游越南的性价比相当低,并不推荐乘坐。

2 火车

越南境内铁路贯穿南北,连接河内和胡志明市,途经顺化、岘港、芽庄等观光城市。但越南国内城市间的铁路列车运行速度缓慢,从河内到胡志明市的特快列车也需要行驶30小时,而且车厢内不仅没有空调,卫生条件和舒适度也不佳,并且要求外国游客购买高价车票,并不推荐游客乘坐。

3 长途汽车

The Sinh Tourist(原新咖啡)是越南最大也是最受外国游客青睐的旅行服务公司,旗下的Open Bus更是各国游客在越南境内的首选交通工具。其车次很多,非常方便,长途公共汽车从河内出发,中间经过顺化、会安、岘港、芽庄、大叻等站,终点站在胡志明市,全程票价大约35美元。游客乘坐Open Tour中途可以在任何一个城市下车参观游玩,然后在当地的办事处出示自己的车票,确定自己计划离开的时间和所住的旅馆,到时就会有车到旅馆门前接乘客去下一站。相比起火车,Open Bus更为方便,价格更低,可以随时买票。

4 河内出租车

河内的出租车众多,不同颜色的出租车属于不同的公司管理,各公司的起步价、起步里程、公里价都不同,但总价相差不大,一般起步价一到两公里内为10000～15000越南盾,之后每公里的价格平均是

7000~10000越南盾。需要特别注意的是，在当地乘坐出租车很容易被宰，常见的宰客方法有：多绕路，在计价表上做手脚使之跳得特别快，利用游客对越南盾面额的不熟悉多收钱，讲价时开高价或者上车时讲好价但下车时就涨价，也可能一开始讲好越南盾的价格而结账时要求付美元。选择比较正规的车，挨宰几率会小一些，建议游客尽量选择白色、蓝色或者车身印有大酒店LOGO的出租车。在上车前先打听清楚具体收费标准，可选择议价或者按计价表计价，最好拿着地图指出目的地，以免沟通不畅引起麻烦。

5 河内公交车

河内公交发达，路网密布。因其市区不大，干道较宽，其余多较窄，故公交车多为单行线。公交车辆品牌多为现代、大宇，偶见奔驰，都是空调车。游客若要搭乘，只需要在公交车站候车厅向经过的公交车招手就可以上车。公交均有GPS报站，均采取有人售票，票价为3000越南盾（约合人民币1元）。车票分上、下行，分别为白色和粉色，上面有路号。想了解详细的车次以及时间，游客可以在当地书店买一本《河内公共汽车地图》，价格大约是5000越南盾。

6 摩托车

越南的摩托车数量十分庞大，游客如果想要骑摩托车游览越南，感受当地特色风情的话，也可以选择租一辆摩托车或者在当地购买一辆摩托车上路，不过购买摩托车手续较为复杂，一般不推荐。宾馆、酒店都提供出租摩托车的服务，租车不需要交押金，还车时才需付款。在这个名副其实的"摩托车王国"，首都河内的摩托车数量更是惊人。主街道上就有众多的摩托车司机揽活，通常路程的价格为20000~25000越南盾，实际价钱视距离远近以及游客的砍价能力不同而不同。

7 自行车

如果对河内的公共交通不放心，游客们大可去租一辆自行车来个自驾游。在河内有自行车租赁行，一般为10000越南盾一天。骑着自行车在地图的指引下，能更快地抵达每个景点，享受在城里自由行动的感觉，不过骑行时可别忘了遵守交规，并且要在规定地方存车，万一自行车遗失会比较麻烦。

8 人力三轮车

人力三轮车也是河内街头常见的交通工具，虽然价钱并不比出租车便宜，而且速度也不快，但是却能够很好地体验到当地的民风民俗，观光意义大于交通意义。不过乘坐时一定要弄清楚价格，大部分的人力三轮车车费为10000越南盾，但是这里的三轮车夫经常漫天要价，因此一定要砍价。注意，如果两人合乘的话记得事先确认车主报价是一辆车的价格还是一个人的价格。

9 游船

越南水系发达，很多地方都有游船，游客也可以选择乘船游览越南。可以从胡志明市坐水翼艇到头顿海滩度假胜地或者湄公河三角洲的其他地区，也可以从迪石坐渡轮到富国岛，还可以在下龙湾坐船进行游玩。此外，顺化观光的一大特色就是乘船游览，顺化游轮一日游的景点包括京城、天姥寺、四大王陵，从早上8点出发，到下午2点结束，每个景点停留期间游人可以自由活动。此外顺化还有一种每晚7点出发，夜游香河的游船，不仅可以欣赏沿岸风景，还可在船上欣赏传统歌舞表演。

速报!10大人气好玩旅游热地!

NO.1 升龙水上木偶剧院

水上木偶戏是越南最具特色的传统民间舞台戏,也是世界上独一无二的木偶戏,这种表演可以追溯到一千多年前,是当时越南水上文化的体现。升龙水上木偶剧院是河内乃至世界上最有名的水上木偶剧场,其节目内容、表演者的技艺以及戏台的精致程度都比其他剧院要出色许多,这里的木偶剧主要以越南农村的日常生活和各种传说故事为主,每场演出约1小时,有多种语言的节目单可以取来看,深受普通民众与游客们的欢迎。

NO.2 下龙湾风景区

下龙湾是越南北方广宁省的一个海湾,根据越南的神话传说,很久以前有一条母龙降落在这个海湾,散落成无数的石岛屏障,挡住了汹涌的波涛,使这一带人民安居乐业,因此人们便把这个海湾称为"下龙湾"。风景区集中分布着3000多座石灰岩岛屿,形态各异、山水相连、烟波浩渺,令人叹为观止。随处可见的舢板、帆船以及众多划着船售卖物品的渔家商贩更让其乡土风情增色不少,最适合乘坐观光船游览,是游客们去越南游玩的首选之地。

NO.3 顺化皇城

顺化曾是越南古代阮氏王朝的首都所在，拥有很多历史悠久的古代建筑，其中顺化皇城作为当时王朝的统治中心而成为其中的经典。这座城池始建于嘉隆皇帝在位期间的1804年，由于是模仿中国故宫而建，故也被称为"微缩版的故宫"。皇城虽然在美国侵越战争中曾遭到轰炸，除了城楼外观完好外，其余都只剩下建筑或台基了，但是这里的气势仍然能够给人留下深刻的印象，是越南现存最大最完整的古建筑群。

畅游越南 推荐

NO.4 嘉隆陵

顺化皇陵是顺化新阮朝皇帝的陵墓群，六座陵墓分散在顺化以西香江东西两边的山岭上，东北距离市区7到15公里，每座陵墓占据一到两个山头。每座陵墓都有几间大厅，陈列着这个皇帝生前常用和喜爱的器皿实物。其中最为壮观的就要数嘉隆陵了，嘉隆陵是越南阮朝世祖高皇帝阮福映与其妻承天高皇后宋氏兰合葬的陵墓。作为越南阮朝的开国君主的陵墓，嘉隆陵被认为是顺化皇陵的代表。

NO.5 占婆雕刻博物馆

占婆艺术起源于印度教，但越南的占婆雕刻独特之处在于更为注重面部表情的刻画。1915年在法国远东研究院的支持下，岘港兴建了占婆雕刻博物馆，经过两次扩建形成了如今世界上最大的占族石雕艺术博物馆。这座半露天的博物馆以占巴建筑风格而建，共分为8个区域，按照不同的时间段展示了占婆时期的艺术精髓。馆内保存了黄平省至平定省一带出土的7~15世纪占婆石雕、陶雕大大小小300多件，件件都堪称艺术精品。

NO.6 海云关

越南第一天险——海云关位于岘港北面30公里的海边，是越南主要山脉长山支脉海云岭上的险要关口。因岭上经常白云缭绕，与蓝天沧海浑如一体，故名海云岭。19世纪上半叶阮朝明命年间，这里修了长达数十公里的盘山公路，并在岭上前后筑起了关门，前关门上刻有"海云关"三个大字，后关门上题有"天下第一雄关"六个大字。这里被美国国家地理杂志评为"一生中必须看一次的50个地方"之一，当地亦有"上一次海云峰，就等于上一次天堂"的说法。

NO.7 会安古城

会安古城是东南亚最古老的历史文化遗迹之一，整座会安古城按地区种族划分为五个区，有福建会馆、广肇会馆、潮州会馆、琼府会馆和作为五帮会馆之首的中华会馆。会馆里分别供奉着妈祖、关公、伏波将军等，终年香烟缭绕。古城大街上有各式各样结合了中、日、越风格的木造老宅，各国文化与建筑风格在此融合，浸透着会安曾经的辉煌。如今会安古城已被列入世界文化遗产保护名录。

NO.8 美山遗址

被称为"越南吴哥窟"的美山位于会安以西40公里处，是越南规模最大的古占婆国宗教遗址。从1980年起经过十多年的加固和修理，这个占族艺术遗产才部分恢复了原貌，使人们可以从这些残垣断壁中领略到当时占族建筑艺术的精华。虽然整个圣地略显破败，但还是能看出雕刻艺术的精美，表现歌舞场面的石雕连环画、多臂神、祭坛、神兽和各种动物等形形色色的石雕十分生动。没有使用任何黏合剂的砖瓦建筑技术和没有拱梁的屋顶结构也让人赞叹，实为一个奇迹。

NO.9 战争遗迹博物馆

战争遗迹博物馆位于曾经的美国情报局驻越南机构旧址，记载了越南近代国家历史上非常沉重的一页——越南战争。整个展览通过武器、战地照片、受害者战后生活图片及儿童绘画，并配以冷静的叙事性文字，简单却成功地再现出"战争罪行"，见证了越南人民所遭受的各种苦难。博物馆所在的院子里停放着直升机、炸弹、坦克、战机等当年美军所使用的军备。即使是对那段历史和战争一无所知的人，通过参观这个战争遗迹博物馆，也会感受颇多。

畅游越南 · 推荐

NO.10 古芝地道

古芝地道位于胡志明市西北约70公里的古芝县，这里原本是法国殖民时期当地反抗势力挖的防卫地道，后来经过扩建和加长，成了越军第二十五师的地下本部，如同一个地下村落，在越战中起到了非常大的作用，是那时候越南人民对抗美国侵略者最重要的基地。地道共分三层，全长200多公里，里面建有医院、会议场、休息室、作战室、粮库及军事陷阱等设施，功能十分完备，走在这纷繁复杂的地下世界里，让人有一种探索迷宫的感觉。

速报!10大无料主题迷人之选!

NO.1 三十六行街

三十六行街是河内古街的缩影,位于还剑湖北部老城区内。这里曾经是河内主要的商业街,也称河内36街坊。事实上36街坊并非有36条街,而只是一个象征性的数字。据说过去来自各地的人们到河内谋生,为了生意方便而聚集起来,渐渐形成不同的行业街,进而汇集成著名的"36街坊"。如今的古街发生了一些变化,酒店、画廊、时装店、时尚餐厅和酒吧纷纷开进了不同的街区。此外几乎每条街上都能找到很有特色的工艺品店,可以淘到不少特色纪念品。

NO.2 巴亭广场

巴亭广场是河内的中心,位于还剑湖西北,长320米,宽近100米。宽24米的雄王大道贯通广场,地面除贯通路段外由168块小草坪组成,可容纳20万人。为纪念越南人民的抗法斗争,越南"八月革命"胜利后遂以越南最早爆发抗法运动的地方"巴亭"为此广场命名。这里也是胡志明主席宣读《独立宣言》宣布越南独立的地方,既有北京天安门广场的影子又有莫斯科红场的味道。

NO.3 河内大教堂

河内大教堂又名圣若瑟大教堂,是河内最古老的教堂,建于1886年,是由两位彩券商所赞助兴建的,是河内最具代表性的法式建筑。它的造型仿造自巴黎圣母院,属于新哥特风格,两侧高大的钟楼令人仰视。走进教堂,白色的主色调为这里增添了不少庄严肃穆的气氛,内部装饰繁复的主坛、彩绘玻璃窗以及方形的塔楼,都很有看头。教堂对面的街道里还聚集了很多咖啡馆,逛累了可以坐下来悠闲地品品咖啡。

NO.4 河内西湖

河内西湖是河内最大的湖泊,乃红河河水冲积而形成,这里湖中有湖,湖湖相连,湖内及周边分布着不少寺庙、公园和其他景点。其在越南的影响力与我国的杭州西湖差不多,享有"河内最美的风景区"的美誉。历史上早在李朝(1009-1225)定都河内(升龙)时就已成为河内著名的游览胜地,有"剑湖烟水西湖月"之说。西湖的夜景也十分美丽,各色梦幻的灯光将这里渲染得五彩缤纷,如梦似幻。

NO.5 圣母玛利亚天主堂

圣母玛利亚天主堂位于胡志明市的中心部分,是胡志明市天主教总教区的主教堂,也是胡志明市的标志性建筑之一。这座教堂建于1877年至1883年间,两座40米高的钟楼是仿照巴黎圣母院而设计,其所有的原材料皆来自法国,外墙的红砖来自马赛,历经一百多年之久丝毫没有褪色,所以这个教堂也被称作红教堂。教堂前还矗立着一座重达4吨的圣母玛利亚雕像,是1945年罗马教会所赠。每周日,教堂内还有英文弥撒,有兴趣的游客可以前去感受。

NO.6 觉林寺

胡志明市第一名刹——觉林寺建于1744年,是胡志明市最古老的寺庙。它不仅是越南南部的佛教徒信仰中心,也是当地的佛学机构,更在1998年被评为越南的国家历史文化遗迹。这座古寺有着鲜明的明清建筑风格,造型典雅大方,充满着凝重幽静的感觉。寺院里的佛像既有越南民族风格的罗汉像,也有深受中国影响的佛像。不论是庙堂还是细节的雕刻都充满神奇的魅力,值得好好欣赏一番。

NO.7 美拖

美拖是距胡志明市约70公里的一个小镇，湄公河流经这里时，分成了九条河流奔向大海，因此又得名九龙江。美拖在湄公河上散落着4个小岛，分别是龙岛、凤岛、龟岛、麟岛。岛上的生活简朴宁静，以盛产水果而闻名。游客们可以乘观光游船游览湄公河，沿途的泰山岛上有许多果园，漫步热带果园中可尽享美味的水果大餐。在靠近槟柳一带，可以改搭划桨式的小船，沿着森林中的水道，体验热带丛林的气氛。著名的电影《青木瓜之味》和《情人》都曾在此取景拍摄。

NO.8 美奈

美奈（Mui Ne）是位于越南东南部平顺省美奈半岛上的一个渔村小镇，这里是世界上唯一的海与沙漠共存的城市。这里有长约50公里的绵长海滩，拥有越南唯一一处沙漠地形。宁静的原始渔村、惊险刺激的风帆冲浪运动、壮美的白沙丘红沙丘、神奇的仙女溪，以及众多不同档次的旅游度假屋，共同构成了这处越南著名的滨海旅游区。作为一个渔村，其餐饮主要以海鲜为主，食材新鲜，烹饪也非常地道。

NO.9 Cai Rang水上市场

芹苴市著名的Cai Rang水上市场，是湄公河三角洲最大的水上市场。祖祖辈辈生活在湄公河上的人们每天都驾着船运输、买卖货物，大船、小船、手划船、机帆船，木制的、铝制的、铁制的应有尽有。游客们可以看到一艘艘驾驶着摆满果蔬和生猛海鲜的船只在水里行进，水上餐馆也是这里的一处名景，坐在一艘艘小船中品尝着鲜美的鱼虾，也是一种独特的享受。

畅游越南 推荐

NO.10 沙巴

沙巴县（SAPA）属越南老街省，地处中越两国交界处山区，是越南国内海拔最高的城市。这里虽然融合了京、瑶、壮、汉、傣等少数民族，但却因为其在法国殖民时期被开辟为避暑胜地而成了一座欧式小镇，至今镇内依旧保存了许多当年法国人遗留下来的洋楼，这些浓缩了欧陆经典特色的建筑与满街上缠着深蓝色头布的黑苗人、戴着红色头饰的红瑶人等山民奇妙地融合在一起，堪称一绝，被称为"越南的丽江"。城填在云雾之中时隐时现身在其中，仿佛身在人间仙境，让人在这瑰丽的景色中不禁怡然自得。

速报!10大人气魅力平民餐馆!

1 餐馆 Banh Tom Ho Tay 西湖虾饼

在河内西湖湖畔与竹帛湖的分界 Thanh Nien 路上有一家闻名已久的虾饼店——河西虾饼店。其特色虾饼是以面粉加红薯丝为主要原材料,掺上适量的水搅拌均匀后倒入模中,最后再在每个模中放上几个新鲜的虾用油煎脆而成。其饼香味扑鼻,就着用木瓜或红萝卜切成片的凉拌酸菜吃,味美无比,百吃不厌。

2 餐馆 安贡馆(Quan An Ngon)

　　安贡馆(Quan An Ngon)是河内市内最有名的越式餐厅,目前在河内有三个分店。这家店汇集了越南各地的特色美食,装饰得古色古香,其招牌菜甘蔗虾、烤肉、西湖虾饼、三色冰、碟仔粿、越式烧烤、蒸粉卷蘸鱼露等越式传统小吃都极受欢迎,每当夜幕降临,店里还会点起几十盏煤油灯营造气氛。在这里可以饱尝越南特色小吃,价格也比较公道,是越南本地人的首推餐馆。

3 餐馆 吕望炙鱼脍（Cha Ca La Vong）

　　炙鱼脍是河内有名的家传风味小吃，这家店从1871年开始营业至今已经传承了五代人，距今已有近150年历史，堪称越南最古老的餐厅，其名气大到以至于所在的街道都以"炙鱼脍街"来命名，在河内几乎是无人不晓。其特色炙鱼脍是把鱼去骨去刺切成片，用调味品稍腌，夹在竹夹里放在炭火上烤。用餐时，食客面前摆一个小火炉，把已烤好的鱼片放在小锅里炒热，配着五香炒花生、烘面皮、米线及小茴香/葱/香菜等蘸虾酱、柠檬汁配辣椒，十分可口。

4 餐馆 Highlands Coffee

　　Highlands Coffee 是胡志明市一家有名的连锁咖啡厅，走的是国际化路线，因此比较受外国游客欢迎，有"越南星巴克"之称。如今在市内已经有多家分店，在游览的途中走累了随处都能找到它小歇一会。Highlands Coffee 在装修上以灯笼式的灯光以及舒服的沙发来营造一种慵懒的氛围，现代时尚又富有典雅情调。这里除了特色的咖啡饮品外，也有三明治、米粉、套饭等食物。客人可以在这里一边品尝富有越南特色的咖啡，一边谈天说地，或者窝在柔软的沙发里享受免费的WIFI，感受越南的小资时光。

5 餐馆 PHO24 河粉店

　　越南河粉是享誉世界的知名小吃，在越南各地有很多大大小小的河粉店，其中最著名的还是要数PHO24这家店。PHO24河粉店是越南分店最多的连锁河粉店，其绿色标识随处可见。每个店河粉的制作与店面的装修都是标准化的，环境干净整洁，服务也相对专业。其河粉品种齐全，还有鲜榨果汁。特别值得一提的是他家的鸡蛋河粉，准确地说还是鸡卵，据说有人一口气吃了十几个鸡蛋，真不是吹牛哦！

6 餐馆 Au Manoir De Khai

越南被法国殖民者统治多年，因此也传承到了最正宗的法国大餐。位于胡志明市的 Au Manoir De Khai 就是越南小有名气的五星级法国餐馆。这座餐馆位于一座建于 20 世纪初的法国旧楼中，周围的环境清幽，内部的装饰十分豪华，充满了欧洲风情，让人感觉十分浪漫。这里的大厨也都是从法国请来的，无论食物的造型还是口感都有较高的水平，和在法国吃到的大餐别无二致，让人们不必千里迢迢赶去巴黎，也能吃到好吃的法国菜，让人仿佛置身于巴黎。特别推荐的特色菜有冰砖伏特加、鹅肝牛肉洋葱汤、雪葩等。

8 餐馆 Pho Hoa

Pho Hoa 是胡志明市一家规模不大但拥有 50 年历史的河粉老店。在 50 年里，该店只卖不同部位的牛肉所做的河粉，形成了该店的特色。店铺的装修别致，墙上挂满旧照片，见证着这家老店 50 年的发展。餐馆的就餐环境很舒适，主营的牛肉河粉更是美味可口，且价钱不贵，其"不好吃不用给钱"的广告语更是令人印象深刻。除了牛肉河粉以外，如今 Pho Hoa 还提供包括扎肉、糕点等其他配菜以满足不同顾客的口味。不仅当地人喜欢在这里就餐，很多游客也是慕名而来，绝对不可错过。

7 餐馆 Blue Ginger

Blue Ginger 是胡志明市最有名气的越南餐厅，其前身是一个记者俱乐部，后由胡志明市的刊物《Saigon Times》创办为一家特色越南餐厅，还曾获选为当地最佳越南餐厅。如今 Blue Ginger 已在世界各地开设了数家分店，有不少明星经常光顾，其中包括美国前总统克林顿。店内环境相当雅致，有室内餐厅也有露天花园，搭配古雅的越式摆设，还有自己的吧台。晚上 7 点左右更有穿着传统越南服装的歌手演出，让客人可以在进餐中体会传统的越南文化，绝对是一种独特的享受。

9 餐馆 Temple Club

Temple Club 是胡志明市的一家著名餐厅，据说是由一座寺庙改建而成，因美国影星布拉德·皮特和安吉丽娜·朱莉曾在 2006 年光临过该店而声名大噪。Temple Club 的装修非常讲究，摆放着各种古董和艺术品，无论摆设、桌椅、窗户甚至地板都充满了 20 世纪三四十年代的越南风情。餐厅在食物方面也花了不少心思，精致的食物造型和美味的菜肴给客人留下了深刻的印象。推荐菜有焦糖汁煎鱼块、椰子虾、综合春卷等。因为生意太好，游客们想前往就餐最好提前预订。

10 餐馆 幸福姐海鲜大排档

位于岘港市山茶区美溪海滩北段海鲜排档一条街的幸福姐海鲜大排档是当地人最热爱的大排档，虽然海滩附近有许多大排档，但这一家是价格最为公道的。这里还有中文菜单，且明码标价，不用担心被宰。海鲜食材相当新鲜，基本原汁原味，碳烤石斑鱼、清蒸龙虾、香梅炒蟹、蒸青龙、虹蟹、象拔蚌、钉螺等特色菜色鲜味美。老板娘的笑容也是这家店的一大特色，热情得让人无法抗拒。

畅游越南 推荐

031

带回家！特色伴手好礼！

1 斗笠
纪念品

越南的斗笠是用草和竹子编成的，其质轻、透气、防晒、防雨，非常适宜低纬多雨的气候，最明显的特征就是它的圆锥状造型。斗笠是越南广大妇女喜爱的装饰品和遮凉工具，如今已经成为越南的标志。据史书记载，早在13世纪，斗笠就已成为越南陈朝宫廷贵妃、美女们的装饰品。当时的斗笠造型很简单，并给人以笨重的感觉。岁月流逝，世事沧桑，斗笠逐渐得到改进和发展，变得越来越轻便、灵秀和典雅，各地区的斗笠也往往独具特色，算得上是比较有代表性的纪念品。

2 奥黛
纪念品

奥黛是越南的传统服装，按越南语直译是"长衫"的意思，是由越南北部妇女传统的"四身服"演变而来。随着时间的推移，其样式不断改进，逐渐发展到不同的地区，不同的对象分别有了不同的样式。比如，河内市、顺化市、胡志明市的旗袍，就具有各自的地方特色。与此同时，旗袍式的女学生服、女职员服、女演员服、女婚礼服、女礼宴服等，都因着装者的年龄、职业的差别和不同场合的需要，而分别具有明快、突出的个性色彩，成为越南一道独特亮丽的风景线，也因其浓郁地道的越南风格逐渐成为国际友人喜爱的越南文化纪念品。如今越南境内很多地方都有定制奥黛的裁缝店，游客可以量身定做属于自己的独特奥黛，十分具有纪念意义。

3 咖啡
纪念品

越南是全球咖啡产出第二大国，中原咖啡公司是越南国内第一大咖啡公司，G7咖啡是其中最有名的一个品牌。其传承的是法国浪漫的烘焙工艺手法，百年的咖啡文化造就了越南本土独特的咖啡口味。每粒咖啡豆都是从越南高原最好的咖啡区精选出来的，以特殊奶油烘焙而成，奶香较浓，口感粗犷而又浪漫，不仔细品尝甚至都尝不出来是速溶咖啡，跟现煮的味道差不多，很适合亚洲人的口味。

4 纪念品 拖鞋

越南是世界四大橡胶出口国之一，在特产当中比较特殊的东西之一就是橡胶拖鞋。这种拖鞋外形与国内的塑料拖鞋一样，但却是纯橡胶做的，虽然外观不算美，但穿着绝对舒适且价格便宜，其柔软、耐磨、养脚等优点引来好多回头客，每个游客都会买上几双。在越南潮湿闷热的天气里，买拖鞋可以说是最合适的了，去海边也可以马上就派上用场。

5 纪念品 木雕

越南的木雕工艺品久负盛名，大多选用越南中部和西原地区或邻国老挝、柬埔寨原始森林中出产的优质硬木作原料，造型大多比较中国化，有福禄寿三星、关公、观音、弥勒佛、达摩、龙、马、越南少女、西方宗教人物和一些装饰牌匾等，另有一些实用的木筷子、筷子盒、牙签罐、木镜子、首饰盒一类的小东西。小至木饰大至半人高或一人高的雕像都有，价格从几元到几千元人民币不等。有的刀法有力，形象粗犷豪放；有的刀法细腻，形象栩栩如生。值得一提的是，选择檀香木、楠木或其他一些带香味的木料刻制的木雕时，最好选不要上漆的，这样香气才能散发出来，抚摸日久会愈加光滑。这些木雕工艺品在河内和胡志明市的工艺品商店一般都能买到。

畅游越南 推荐

6 磨漆画
纪念品

　　磨漆画是越南的国画、国宝级艺术品，是越南在世界艺术舞台上的一块闪亮的标志，具有浓郁的越南民族风格。其制作工艺复杂，制作要求严格，使用越南硬木作画板，用越南特有的磨漆作颜料，需经过艺术家千万次的打磨、雕琢而成，融汇了各种材料的天然色彩，将黑、红、黄、白糅合成美妙曼丽的画面，呈现出一种独属东方艺术的含蓄美感。成品画作具有耐磨、有光泽、风格古朴等特点，多是反映山水、人物等题材的内容，成为越南旅游纪念馈赠佳品。

7 纪念品 玳瑁

越南南方河仙省临暹罗湾一带渔业很发达，特别是浅海一带盛产玳瑁。玳瑁属龟类，它可以用来制作饰品或者是标本，此外，玳瑁的背甲还是有机宝石，常被拿来制作戒指、项链、手链、眼镜框等装饰品，十分具有越南特色。在下龙、海防等越南的沿海城市可以很容易地买到玳瑁标本，价格也都十分实惠。绝对是值得购买的一件纪念品。

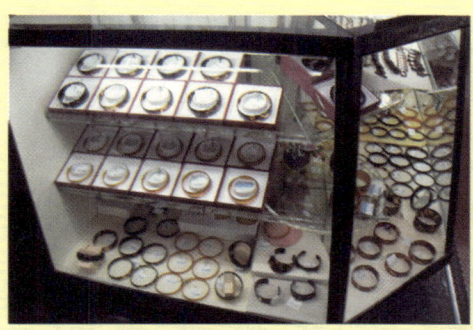

9 纪念品 越南蔬菜综合果干

越南是具有水果优势的国家，拥有丰富的热带水果。越南蔬菜综合果干是近年来研究开发的一种果蔬风味食品，是以多种新鲜水果、蔬菜为原料在真空低温状态下瞬间油炸而成的一种果蔬方便食品。保持了原蔬菜水果的色、香、味，不含人工合成添加剂，富含维生素和多种矿物质，酥脆可口，老少皆宜，被食品界誉为"二十一世纪的天然食品"和"太空食品"。因其具有低脂肪、低热量、高纤维、携带方便、保存期长等特点，在市场上广受欢迎。

10 纪念品 香水

越南曾是法国的殖民地，且越南自古出产大量天然香料，闻名世界的法国香水的香料就来源于此。同时法国人也把香水的制造工艺和技术带到了越南，得益于热带丛林中丰富的香料和法国的制造工艺，历经上百年的积淀，造就成独特的越南香水，被誉为"越南三宝"之一。这里生产的香水无论从包装、香味、品种各方面都不比法国香水逊色，且价格低廉，性价比很高。

8 纪念品 越南排糖

越南排糖虽然叫糖，但其实并不是普通的糖果。其最里层是上等腰果、

花生，香脆可口；第二层是香甜奶油，口感甜而不腻；第三层是脆皮，与腰果的脆交相辉映；最外面一层是越南本地椰蓉丝，保留了椰肉的精华，口感独特，可谓是层层有惊喜！整颗糖全部由手工制作，既有糖的甜，还拥有花生的香脆、椰蓉的清甜，外嫩里脆，香甜不腻人，实在是老少皆宜的佳品，是如今最热销的越南食品。

畅游越南：推荐

超IN！7天6夜计划书！

☀ DAY 1

上午 巴亭广场 + 文庙 + 河内大教堂 + Cam Chi Food Street

巴亭广场是河内的中心，这里是胡志明主席宣读《独立宣言》宣布越南独立的地方，既有北京天安门广场的影子又有莫斯科红场的味道。胡志明纪念堂、胡志明旧居、胡志明博物馆、总督府以及著名的独柱寺等景点都聚集在这里。广场有数条辐射状的林阴大道与河内市区其他部分相连。文庙是越南规模最大的孔子庙宇，在东南亚地区也是首屈一指，是河内典型的中式古建筑群，供奉着孔子与各位儒家先贤。建于1886年法国殖民时期的河内大教堂外观仿自巴黎圣母院，是一幢庄严肃穆的新哥特风格建筑，如今是河内最古老的教堂，也是河内最具代表性的法式建筑。Cam Chi街是河内著名的美食街之一，交通十分便利，汇集了河内各种经典小吃和美食，是来到河内的外来游客最常去的地方，在那里可以尝遍越南美食。

 DAY 1

下午 还剑湖 + 三十六行街 + 越南国家历史博物馆 + 升龙水上木偶剧院

　　湖水清澈透明的还剑湖是河内众多湖泊中最著名的一处，湖畔修建了古寺、佛塔、亭台楼阁等建筑，颇有中国江南园林的风采。地处还剑湖畔玉山岛上的玉山祠前身曾经是黎朝太祖的钓鱼台，之后修建了关帝庙，现今则供奉有吕洞宾、关帝、文昌帝君等道教神祇和越南名将陈兴道的塑像。位于还剑湖北部老城区内的三十六行街曾经是河内主要的商业街，这些不长的街道交叉相串，形成了不同的行业街，进而汇集成著名的"36街坊"。随着历史的变迁，如今的古街上酒店、画廊、时装店、时尚餐厅和酒吧琳琅满目，特色工艺品应有尽有，可以淘到不少好东西。越南国家历史博物馆是越南七大国家博物馆之一，也是河内最雄伟的建筑。馆内馆藏丰富，按年代排序介绍了从史前时代一直到近代的越南历史，是了解越南的好去处。升龙水上木偶剧院是河内乃至世界上最有名的水上木偶剧场，无论是节目内容、表演者的技艺，还是戏台的精致程度，都比其他剧院要出色许多。这里的木偶剧主要以越南农村的日常生活和各种传说故事为主，木偶动作逼真，是越南文化的重要体现。

畅游越南 推荐

 NIGHT 1

启程前往下龙湾

上午 下龙湾风景区

　　下龙湾是越南北方广宁省的一个海湾,根据越南的神话传说,很久以前有一条母龙降落在这个海湾,散落成无数的石岛屏障,挡住了汹涌的波涛,使这一带的人民安居乐业,因此人们便把这个海湾称为"下龙湾"。如今的风景区共分为东、西、南三个小湾,集中分布着3000多座大大小小的石灰岩岛屿。许多岛屿上还有天然岩洞石窟,有斗鸡石、天宫洞、天堂岛、仙翁洞、惊讶洞、观澜岛、香炉石、迷宫洞、木头洞、群烂岛、玉晕岛、人头石、三宫洞、赛辛岛、基托夫岛等主要景点,形态各异、山水相连、烟波浩渺,令人叹为观止。由于其地貌很像中国的桂林山水风光,因而又被誉为"海上桂林",是越南最著名的自然风景区之一。随处可见的舢板和帆船以及众多划着船售卖物品的渔家商贩更让其乡土风情增色不少。这里最适合乘坐观光船,是游客们前来越南游玩的首选之地。

DAY 2

下午 吉婆岛 + 巡洲岛 + 水上海鲜市场

吉婆岛是下龙湾内最大的海岛，岛上山峰起伏、海岸线曲折，海湾中还有几处不错的沙滩和海滨浴场，吉婆国家公园也位于吉婆岛上，这里拥有大面积的原始森林，堪称一座巨大的天然动植物园。除了迷人的自然风光外，游客还可以参观岛上古老的石器时代遗址。巡洲岛是胡志明生前的疗养地，过去这里只是一个普通小岛，后来修建了一条通海大道，岛上又建了许多楼堂馆所、别墅区、表演场、植物园等，形成了一个功能完善的度假村。水上海鲜市场是下龙湾最大的浮动渔村，与其他街市不同的是，这里所有买卖活动都在水上进行。如今水上加水站、加油站、杂货店、警察局等日常场所一应俱全，已发展成了远近闻名的海鲜市场，游客们可以近距离地了解水上民族的渔家生活，更具诱惑的是游客可以在船上的厨房吃到最新鲜的海产。

畅游越南 推荐

NIGHT 2

启程前往顺化

DAY 3

上午 顺化皇城 + 天姥寺

顺化皇城曾经是越南古代阮氏王朝的王宫,其建筑格局仿造中国的紫禁城,各种宫殿、亭台楼榭都十分奢华,被称为"微缩版的故宫"。整个皇城呈四方形,午门内有太和殿,是皇帝议事的办公场所。太和殿两侧有两个厢殿,分别是后宫和御花园。后面的乾成殿是皇帝的居所,其余还有皇后居住的坤泰宫、皇太子居住的光明殿、其他后妃居住的顺辉院等。城内还设有旗台、祭祀的宫广殿和庙宇。皇城虽然在美越战争中曾遭到轰炸,除了城楼外观完好外,其余都只剩下建筑或台基了,但是这里的气势仍然能够给人留下深刻的印象,是越南现存最大最完整的古建筑群。如今还开辟了顺化皇家艺术博物馆、顺化战争博物馆与历史博物馆,充分展现顺化悠久的历史。建于阮氏王朝时期的天姥寺是越南最著名的古刹之一,其前身曾经是占婆古国的宝塔群,一直被历代统治者奉为圣地。后经扩建拥有了天王殿、玉皇殿、大雄宝殿、说法堂、藏经楼、钟鼓楼、十王殿、大悲殿、药师殿等数十座金碧辉煌的建筑。如今寺内绿树遍地,草木森森,是一处幽静深远的佛家殿堂。

 DAY 3

下午 启定王陵 + 明命王陵 + 嗣德王陵

启定只当了九年皇帝就一命呜呼，皇陵却耗时十一年才完成。启定王陵依山而建，其建筑风格东西合璧，共有三层，一层比一层高，犹如一栋欧洲城堡。规模虽小但却是所有皇陵中最精美的一座，进门处的两排雕塑极具特色，时常出现在越南的明信片上。建于1840年的明命王陵也称孝陵，是顺化皇陵中最完整、最漂亮的一座。其建筑与周围的环境相融为一体，布局很像中国的北方园林，内部格局大气，以中间的大红门为主轴，形成了长约700米的中轴线，各种建筑、石人石马等依次并排两侧，左右对称，墓区则位于王陵的最后方。嗣德王陵是阮翼宗阮福时的陵墓，原为当时嗣德皇帝为了躲避社会混乱、外国侵犯边境、宫内争夺宝座、自己又身患无力之病等情况下下令修建的第二个行宫。陵园内部庭院叠套，假山、莲花池、水榭、小桥、禁宫、戏台、书房、祭室等建筑随处可见，宛如一座雅致的江南园林，颇具艺术气息。

NIGHT 3

启程前往会安

DAY 4

上午 会安古城 + 冯兴古宅 + 日本廊桥

会安曾是东南亚最重要的一个贸易交流中心,留下了许多颇具特色的各国古迹。会安古城因为港口淤塞得以完整保留了下来。如今漫步在古城大街上,各种结合了中、日、越风格的木造老宅尤其吸引人们的眼球,体现了各国文化融合,反映了会安曾经辉煌的历史。如今会安古城已被列入世界文化遗产保护名录,成为东南亚最古老的历史文化遗迹。城内至今还保留有福建会馆、广肇会馆、潮州会馆、琼府会馆和作为五帮会馆之首的中华会馆。会馆里分别供奉着妈祖、关公、伏波将军等,终年香烟缭绕。其中已有200多年历史的冯兴古宅是会安历史最悠久的古建筑之一,其建筑风格别具特色,屋顶使用日式交叉柱风格,窗户则是标准的中式通风窗,其余部分是越南传统风格。日本廊桥本名来远桥,设计精巧的日本廊桥同时结合了桥和寺庙的作用,内部还经常举办一些艺术展览,是会安日式建筑的精品。

下午　美山遗址

被称为"越南吴哥窟"的美山位于会安以西40公里处，是越南规模最大的古占婆国宗教遗址。据记载：早在4世纪，占族人就在此建立了印度教寺庙，随后的各个世纪不断扩建，这里逐渐成了占婆国的宗教圣地，是东南亚所有圣地中存在时间最长的一个，直到17世纪末占婆国被越南的阮氏王朝所灭，圣地才逐渐荒废。如今虽然整个圣地略显破败，但还是能看出雕刻艺术的精美，表现歌舞场面的石雕连环画、多臂神、祭坛、神兽和各种动物等形形色色的石雕十分生动。没有使用任何黏合剂的砖瓦建筑技术和没有拱梁的屋顶结构也让人赞叹，实为一个奇迹。

畅游越南　推荐

　　启程前往芽庄

☀ DAY 5

芽庄四岛游

芽庄附近海域岛屿众多，当地许多旅行社都开发了特色的四岛游项目，就是在一天的时间内游览周边四个各具特色的岛屿，报价一般6~9美元，包含酒店巴士来回接送、船资、导游、一顿海上午饭、水果、葡萄酒和浮潜活动，十分划算，成了许多游客来到芽庄的首选旅游项目。每天清晨有专车到酒店迎接游客上游船出发，启程到达第一个岛——妙岛（Hon Mieu），岛上有一个沉船造型的小型水族馆，需要自理门票20000越南盾，可以在这里观赏到许多珍稀海洋生物。第二个岛是越南首个也是最大的海洋生物保护区——乌岛（Mun Island），这是一个没有海滩的珊瑚礁岛，游客们可以在这里潜水观看各色各样的珊瑚，与色彩斑斓的珊瑚和热带鱼来个亲密接触。第三个岛是第一岛（Mot Island），游客们将在这里享用午餐，午餐过后还有船员表演节目，可以一起在船上开个海上红酒PARTY，尽情歌舞。第四个岛银岛（Tam Island）是一个四星级度假胜地，游客们可以在岛上游泳，或是躺在海边沙滩的椅子上晒太阳，此外还有帆板、海上降落伞等海上运动项目可供选择，一天下来十分过瘾。

☽ NIGHT 5

启程前往大叻

DAY 6

上午 大叻天主教堂 + 大叻火车站 + 灵福寺

建成于1942年的大叻天主教堂是大叻的名景之一，位于城中央的半山上。它的造型采用了独特的单顶设计，高大的尖塔是它最醒目的标志。此外还一反哥特式建筑那凝重略显阴森的传统风格，整个建筑都由明快的红色砖石砌筑而成，童话般的教堂让人感觉仿佛置身于中世纪的欧洲。在教堂后还可以俯瞰大叻一角，整个小镇全是五颜六色的房子，景色十分错落有致，美得无法形容。大叻火车站是大叻的标志性建筑之一，于1938年正式启用，后在越南战争的战争后期被废弃，直到90年代才又重新开始使用。大叻火车站采用了Art Deco建筑风格，并在屋顶部分融入了越南中部高地的少数民族曹阮建筑物的特点，三个屋顶分别代表了大叻的三座标志性山峰，被誉为越南最美的火车站。火车站内至今保留着几节复古车厢和蒸汽火车头供游客参观和拍照，每天还有5趟车往返Trai Mat小镇，路线全长7公里，独特的窄轨铁路吸引了众多喜欢怀旧的游客，沿途还能欣赏大叻的景色，终点还有堪称越南寺庙建筑中的精品古寺灵福寺，是一个很特别的旅游项目。

畅游越南 推荐

☀ DAY 6

 美奈

美奈（Mui Ne）是位于越南东南部平顺省美奈半岛上的一个渔村小镇，地处胡志明市和芽庄之间，这里有长约50公里的绵长海滩，还拥有越南唯一一处沙漠地形。宁静的原始渔村、惊险刺激的风帆冲浪运动、壮美的白沙丘红沙丘、神奇的仙女溪，以及不同档次的旅游度假屋都汇集在这里，使这里成了越南一处著名的滨海旅游区。与很多旅游城市不同的是，美奈依旧保留了它最淳朴的地方，渔村至今保留着最原始的模样。由柔软的白色细沙所组成的白沙丘是这里的名景，游客们在此可以体验到滑沙运动和赤足奔跑带来的沙滩乐趣，也可在海滩的椰子树下尽情放松身心，享受假日的悠闲时光。大海和沙漠就在一幅画面里，太阳的余光照在沙丘上实在是美轮美奂。尤其是日出日落时，坐在沙漠上远眺太阳在海面上升起降落的瞬间，别有一番风味，是摄影爱好者们拍摄的最佳地点。仙女溪更是犹如人间仙境。作为一个渔村，美奈的饮食以海鲜为主，这里的食材新鲜，烹饪也非常不错，是品尝海鲜的好地方。

☾ NIGHT 6

启程踏上胡志明市

☀ DAY 7

上午 堤岸唐人街 + 平西市场 + 观音寺 + PHO2000

堤岸是胡志明市最大的华人聚居区，曾经是胡志明市最繁华的区域。从1778年中国商人来此定居至今，居住在堤岸的华人已有40余万。这里拥有大量中国风情浓郁的建筑和商家、餐厅，到处都是怀旧的中文灯箱灯牌，满街的叫卖声，很有画面感。平西市场是堤岸最大的批发市场，也是胡志明市最大的集贸市场之一。这里聚集了大量的华人商铺，据说很多已经经营了超过百年。这个两层的市场看起来有点像传统的中式大杂院，各种大小店铺依次排开，出售的商品也是包罗万象，水果、鲜花、食品、服装、布匹、五金等应有尽有。店铺老板大多会说中文，中国游客们可以尽情采购。建于19世纪初的观音寺是堤岸地区最著名的寺庙，是由当地华人于19世纪初建成。寺内供奉有观音菩萨，墙壁上用瓷砖拼贴有大量神话故事的图案，显示出中国文化的博大精深，如今已成为越南佛教寺庙中香火最旺的一座。越南河粉是享誉世界的知名小吃，在胡志明市有很多大大小小的河粉店，其中最著名的要数PHO2000这家店。据说当年美国总统克林顿来到越南访问，还专门到这家店里品尝了河粉，从此这里就吸引了很多外国游客。

畅游越南

推荐

047

☀ DAY 7

下午 Dong Khoi购物大街+统一宫+圣母玛利亚天主堂+中央邮局+人民委员会总部+胡志明市博物馆

　　Dong Khoi购物大街从红教堂延伸到西贡河，是法国殖民时期上流社会的中心，如今是胡志明市最著名的商业街区之一。沿途有许多精品商店，除了世界各大奢侈品专卖店外，还有不少店铺售卖各种纪念品，包括越南国服、漆器、油画、编织品等，是游客购买纪念品的好去处。此外这条街上沿途还汇集了胡志明市最多的法式建筑。统一宫是南越政权统治时期的总统府所在，越南统一后这里就成为著名的观光景点。外墙用红砖砌成的圣母玛利亚天主堂是胡志明市最重要的教堂之一，在教堂前还有一座高大的圣母塑像，是胡志明市最热门的婚纱拍摄地。由法国人在19世纪末期修建的中央邮局是胡志明市的标志性建筑之一，邮局大厅尽头悬挂的巨大的胡志明画像更是各国游客争相留影纪念的地方。由法国设计师在19世纪末设计建造的人民委员会总部是胡志明市法式建筑的标志，这座华丽的洛可可式风格建筑白墙红顶，远望过去仿佛一座华丽的宫殿一般。胡志明市博物馆的前身是法国人修建的嘉隆宫，曾经是南越政权重要的政治中心，现今被辟为博物馆，展示有大量越南人民抵抗外国侵略的文物和资料，是记录越南历史最详尽的地方。

🌙 NIGHT 7

法式餐厅 + 西贡河

　　越南被法国殖民者统治多年，因此也传承到了最正宗的法国大餐。Au Manoir De Khai是胡志明市最正宗的法式餐厅。这座餐馆位于一座建于20世纪初的法国旧楼中，周围的环境清幽，内部的装饰十分豪华，充满了欧洲风情，让人感觉十分浪漫。这里的大厨也都是从法国请来的，无论食物的造型还是口感都有较高的水平，让人们不必千里迢迢赶去巴黎也能吃到正宗的法国菜。

　　西贡河从东部贯穿整个胡志明市，并且和湄公河三角洲相连，是胡志明市发展必不可少的生命之源。两岸高楼林立，形成了胡志明市最具现代化的部分，每当夜幕降临，西贡河更是被各种灯光映衬得无比美丽。如今夜游西贡河已成为胡志明市热门的旅游项目。在第一郡白藤码头停靠着"西贡"、"美景"、"滨艺"、"一路发"四大游艇，除"西贡"游艇属半国营，其它游艇都属私营。这些游船都于晚上八点半起航，游河需一个多小时。游船沿着河边缓缓行驶，两岸的霓虹招牌静静闪烁，夜晚的西贡河水映出一片彩色灯光的迷幻世界，在月色里显得格外神秘。游客可以在船上吃晚餐，边吃边欣赏夜景，徐徐清风吹在身上好不惬意，饭后还有丰富的表演，精彩节目不容错过！

VIETNAM GUIDE

Vietnam

畅游越南 ①

河内

　　河内位于越南北部，地处红河与苏沥江的交汇之处、红河三角洲的西北部，地理位置十分重要。古称升龙，曾为越南封建王朝的京城，距今已经有1000多年历史，被誉为"千年文物之地"。如今是越南的首都，也是越南第二大城市和经济中心、政治中心，庆幸的是老城区被保留了下来。城内历史文物丰富，名胜古迹遍布，可以看到古代王朝的王宫、法国殖民时期的各种欧式建筑、越南解放后的革命遗迹等景点。除此之外，这里自然风光也很优美，以城中心的西湖和还剑湖为代表，美妙靓丽的自然美景吸引着每一个游客，历史与现代、法式与本土的风情浑然一体又自然天成。

01 旧东门
升龙古城的遗迹 赏

河内原名升龙，古城共有16道城门，现存的城门虽然大多早已不复存在，但其东门却遗留至今，隐匿在古老的河内街巷中。作为升龙古城唯一留存的遗址，黎太祖建造升龙城时的东门是原有的16道城门中最朴实无华的一座，简洁的线条和朴实的建造工艺将这处有1000多年历史的老城门的古朴风韵尽显无遗，吸引了众多游人专程前来观光，从中一窥当年升龙城的灿烂和辉煌。

TIPS
 Hang Chieu和Dao Duy Tu交汇处 ★★★★

02 还剑湖
最具人文内涵的景点 赏

TIPS
 Hoàn Kiếm, Hà Nội, Vietnam 公交9路、31路、36路到Ngã 3 Lê Thái Tổ – Hàng Trống下车；14路到BĐX Bờ Hồ下车；8路到Bưu điện Thành phố Hà Nội – Đinh Tiên Hoàng下车 ★★★★

还剑湖位于河内市老街区的中心位置，是河内众多湖泊中最著名的一处。这里原为珥河支流，后因其北、东两面通珥河的水道淤塞而成为湖泊。相传黎朝太祖在蓝山起义之前曾经在这片湖泊中寻得一对宝剑，力量无穷，打败了不少敌军，最后成为皇帝建立了黎朝。后来他再次巡游到这里时突见一只金龟浮出水面，宝剑被金龟叼去，黎太祖与群臣非常惊讶，以为是神仙现身。湖名从此被改为还剑湖。还剑湖南北狭长，呈椭圆形，环湖有林荫步道，岸边伴有笔塔、和风塔、水榭等古建筑，湖中有玉山祠、栖旭桥、镇波亭和龟塔等胜迹点缀，湖水清澈透明，四周风光秀丽，是难得一见的佳景，如今已成为河内的重要地标之一。湖中的龟塔也是河内的千年古迹，据说那就是被送回的宝剑把，远望就像一只从湖中伸出来的手，顶端有一颗大星。塔虽不高大，但挺拔而立，塔影碧波，为还剑湖增色不少。

03 三十六行街(36 Bank Street)

河内古街的缩影

位于还剑湖北部老城区内的三十六行街曾经是河内主要的商业街，也称河内36街坊。事实上36街坊并非有36条街，而只是象征性数字。这些街道都不长，一般只有几百米，街道交叉相串。据说过去来自各地的人们到河内谋生，为了生意方便而聚集起来，渐渐形成不同的行业街，比如鞋商街、帽商街、银商街、皮革街、炊具街等，进而汇集成著名的"36街坊"。随着历史的变迁，如今的古街也发生了一些变化，酒店、画廊、时装店、时尚餐厅和酒吧纷纷开进了不同的街区。此外几乎每条街上都能找到很有特色的工艺品店，越南丝绸制品、民族服饰、特色装饰品等应有尽有，富有个性的画作、立体手工纸质卡片、木刻印章等手工艺品也很有意思，如果时间允许，还可以现场定制自己专属的文字和图案。可以一条条逛，和店家友好地讨价还价，淘一些特色纪念品。

TIPS

 M00 M09y, Hàng Bu65m, Hoan Kiem District, Hanoi　乘公交3路、11路、14路、18路、23路、34路、40路到81 Trần Nhật Duật下车 ★★★★

看点 ✱ 越南艺廊

艺术爱好者的交流场所

地处河内市旧城区三十六行街的越南艺廊隐匿在老城一处历史悠久的三层建筑之中，四周栽植着大量青翠的树木，馆内则展示有大量油画、写真和雕刻品。这里会不定期举办各种主题的演讲会、文化交流会、艺术工作坊等活动，为艺术爱好者们提供了一个绝佳的交流场所。

04 巴亭广场(Quang Truong Ba Dinh)
河内的心脏

巴亭广场是河内的中心，位于还剑湖西北，长320米，宽近100米，宽24米的雄王大道贯通广场，地面除贯通路段外由168块小草坪组成，可容纳20万人。为纪念越南人民的抗法斗争，越南"八月革命"胜利后遂以越南最早爆发抗法运动的地方"巴亭"为此广场命名。这里是胡志明主席宣读《独立宣言》宣布越南独立的地方，既有北京天安门广场的影子又有莫斯科红场的味道。广场西侧为胡志明主席陵，墓西北是胡志明在河内的旧居，西南面有胡志明博物馆，博物馆前有著名的独柱寺。从胡志明陵墓沿雄王大道往北，右边是越共中央机关办公驻地，中央领导人也在这里会见外宾；左侧是主席府，是举行重大活动和外国高级代表团来访时举行欢迎仪式的地方。广场有数条辐射状的林荫大道与河内市区其他部分相连。

TIPS
Hùng V0601ng, 03i63n Biên 公交9路、18路、33路至18A Lê H65ng Phong下车 ★★★★

看点 01 独柱寺
越南特色寺庙

位于河内巴亭广场西南的独柱寺因建在灵沼池的一根大石柱上而得名，与香水殿一起并称越南最具形象特色的寺庙。寺庙本身用木头而建，形似一朵盛开的莲花，故又称"莲花台"。莲花在佛教中是圣洁的象征，相传李太宗年高无嗣，一天夜里，梦见端坐在荷叶上的观音菩萨手托婴儿，立于水池中的莲花台上。不久后，李太宗娶了一位年轻的农家女为妻，她后来为李太祖生了个男孩，竟然与梦中男婴一模一样，于是李太祖下令仿出水莲花建寺，以侍奉观音菩萨。独柱寺曾于1954年印度支那战争结束、法国军队撤出时被炸毁，仅存石柱，现存建筑为1955年在原址上重建的，整体风格与原寺相同。灵沼池为方形，池周砖砌栏杆。寺为木结构，每边3米，石柱直径1.25米，地上高度4米，象征花梗，石柱四周有4根木支架，寺身及四边微翘的屋檐构成花瓣。寺正面檐下悬匾，匾题"莲花台"。

看点 02 | 胡志明纪念堂
越南领袖胡志明的陵墓

胡志明是越南人民的伟大领袖，为了争取民族解放，他把一生都献给了伟大的事业。为了纪念胡志明主席，1975年在巴亭广场落成了胡志明纪念堂，永久保存胡志明的遗体，以供后人瞻仰。纪念堂吸收了莫斯科列宁墓的不少设计灵感，并且融入越南自己的独特风格，外墙装饰使用了越南名贵花岗岩和大理石，内部结构使用越南多种最名贵的木材，气势雄浑，令人肃然起敬。纪念堂分为三层，整体气氛庄严肃穆，前厅的红色花岗岩石壁上刻有胡志明的名言：没有什么比独立、自由更可贵了。瞻仰室大厅正中摆放着一口晶莹的水晶棺，胡主席安详地平躺在棺内，身穿卡其布干部装，盖着深褐色的被单，神态安详自若。每天这里都要迎来不少外国游客，前来一睹这位伟人的遗容。夜色中的胡志明纪念堂更是庄严肃穆。

看点 03 | 胡志明博物馆
为纪念主席而建的博物馆

胡志明博物馆于1991年落成，是越南最重要的博物馆之一。博物馆五层的展区内主要展示了胡志明具有历史意义的一生，博物馆内展出的图片、实物极为丰富，包括胡志明主席生平事迹、手稿、生前使用物品、越南人民和外国友人赠送的礼物等遗物，也包括越南共产党早期斗争时留下的各种文物，如很多在胡志明主席的领导下进行的革命运动资料等。此外还运用了大量的背景绘画、富有寓意的装置，颇富艺术气息。值得一提的是，这座博物馆最好是从上往下参观，从博物馆楼顶的金莲花开始，跟随着胡志明的足迹一步步了解越南走向自由和解放的过程。

看点 04 胡志明故居
陈设简朴的小木屋

胡志明故居位于巴亭广场旁的主席府内，沿着芒果小径就可走到一处并不起眼的小木屋，生活极为简朴的胡志明从1958年至1969年期间一直居住在这里。这座高脚小木屋毗邻湖畔，屋内共有两层，其中下层是开放式的接待室，上层则是卧室和书房，室内的家具陈设依旧维持胡志明生前居住的样子。虽然简朴，但宁静幽雅，花园古树参天，花木茂盛，环境清幽。

看点 05 越南总督府
曾经法国总督的府邸

越南总督府是法国殖民者统治越南时期的最高权力机关，也是法国在整个印支地区的总督府，由当时的越南南部总督拉格兰蒂耶于1869年开始兴建，取名为"诺罗敦宫"。如今是越南国家主席的官邸。这是一座很典型的法式建筑，充满了浓郁的欧式风格，奶黄色的外墙，红色的屋顶，展现出独特的浪漫气质。最有特色的是这里的花园及池塘，一色亮黄的围墙在绿树蓝水中显得格外耀眼。如今这里用以接待外国来宾，并不对外开放，人们只能通过其外观感受这座见证越南历史的建筑。

05 越南历史博物馆
越南七大国家博物馆之一

位于河内市中心还剑湖东南一公里处的越南历史博物馆是越南七大国家博物馆之一,也是河内最雄伟的建筑之一。这座落成于1932年的建筑原是法国殖民者建造的远东博古院,融合了东方和西方不同的建筑风格,1958年以来成为越南历史博物馆。其主体部分是一座三层黄色的建筑物,有着八角攒尖的顶和仿木结构的斗拱和瓦檐,也有向外突出的欧式阳台。馆内馆藏丰富,按年代排序介绍了从史前时代一直到近代的越南历史。一层是旧石器时代至李朝和陈朝展区,二层是后黎朝至阮朝、抗法时代、越战时代以及南北从分离到统一时期的相关展示。藏品包括新石器时代、铜器时代的工具、铜鼓、占人遗物、石柱、陶器、千手千眼观音塑像、13世纪阮王朝的王冠、服饰等珍贵文物。此外,在博物馆后方三楼的图书馆里还收藏有法国殖民时期的书籍,在博物馆正对面的雄殿(Den Hung)里还祭祀着越南的开国君主及其祖先。

TIPS
- 1 Phạm Ngũ Lão, Tràng Tiền, Hoan Kiem District, Hanoi
- 15000越南盾
- ★★★★

06 军事博物馆
展现越南的军事历史

位于河内市中心的越南军事博物馆建成于1959年,是为了纪念越南近现代以来几段刻骨铭心的战争而建,可以说是一本描写越南人民英勇对抗各个外来侵略者和人民武装的史书。博物馆生动、形象地反映了越南人民发起和坚持的反对外国侵略者的民族历史,馆内数千件的实物、图片、地图、沙盘等展现了长达四千年的民族历史,尤其是胡志明时代的抵抗战争。此外,这里还有一处河内过去的地标——旗杆塔,这个六角形的升旗台建于1813年,是过去用来升旗的地方。值得一提的是,从小门可以沿着螺旋形楼梯登顶,市内风景一览无遗。此外博物馆广场上的一尊战争废料做成的雕塑也十分有特色。

TIPS

📍 28A, Ba Dinh District, Hanoi 🕒 20000越南盾 ★★★★

07 玉山祠
供奉越南名将的祠堂 赏

　　玉山祠就位于还剑湖畔的玉山岛上，通过一座四十多米长的太鼓桥和湖岸相连。这里原本是黎朝太祖的钓鱼台，后来建起了关帝庙等建筑。如今这里除了供奉有吕洞宾、关帝、文昌帝君等道教神祇外，还特别供奉着越南名将陈兴道的塑像。陈兴道是越南历史上最著名的军事家，他曾经击败了入侵的蒙古军队，使得越南成为少数几个未被纳入元朝版图的亚洲国家。越南人民认为陈兴道可以驱除恶灵，保佑妇人安产等，因此他在当地享有崇高威望。

TIPS
🏛 Jade Mountain Temple　💰 2000越南盾　⭐ ★★★★

08 河内大教堂 赏
河内最古老的教堂

TIPS

Áu Triệu, Hoan Kiem District, Hanoi 公交9路、31路、36路到Ngã 3 Lê Thái Tổ – Hàng Trống下车 ★★★★

　　河内大教堂又名圣若瑟大教堂，是河内最古老的教堂，建于1886年，是由两位彩券商赞助兴建的，是河内很具代表性的法式建筑。它的造型仿造自巴黎圣母院，属于新哥特风格，两侧高大的钟楼令人仰视，走进教堂，白色的主色调为这里增添了不少庄严肃穆的气氛，内部装饰繁复的主坛、彩绘玻璃窗，以及方形的塔楼，都很有看头。教堂的大门只有在周一至周五5:30和18:15、周六5:30和18:00，以及周日5:00、7:00、9:00、11:00、16:00、18:00举办弥撒时才会打开，里面的唱诗声会传出很远，其余的时间游客需自侧门进入。

　　教堂对面的街道里聚集了很多咖啡馆，逛累了可以坐下来悠闲地品品咖啡。

09 文庙
河内典型的中式古建筑群 赏

越南文化传承自中国，儒家思想对这里的影响非常深，所以越南也拥有像文庙这样的建筑。位于河内的这座文庙不光是越南规模最大的孔子庙宇，在东南亚地区也首屈一指，是河内典型的中式古建筑群，供奉着孔子与各位儒家先贤。这座文庙的建筑结构和国内的文庙基本一致，也有棂星门、大成殿等建筑，整个建筑群由五组院落组成，门外立有下马碑，前院有一个静如镜的水池。大拜堂正中高悬着一块写有"万世师表"四个大字的汉字匾额，匾上注明是"康熙御书"。正殿内设有孔子供桌，两侧奉祀中越两国先儒。此外还有一块远近闻名的"进士碑"，一只只活灵活现的石龟驮着一块块雕工精细的石碑。与国内文庙不同的是，河内文庙还设有一个殿专门供奉越南儒学大师朱文安。每到传统节日，这里都会举行盛大的典礼。

TIPS
📍 Văn Miếu, Đống Đa, Hà Nội 💰 20000越南盾 ⭐★★★

10 越南国家美术馆
越南最大的艺术博物馆 赏

TIPS
66 Nguyễn Thái Học, Ba Đình, Hà Nội 04-37332131 20000越南盾 ★★★★

越南国家美术馆是现在越南最大的艺术博物馆。其前身是1962年成立的越南国家工艺美术学院，后来在画家Nguyen Do Cung的推动下逐渐向美术馆转型。包括把学院的建筑外形由原来的欧式风格改造成具有越南本土特色的建筑，并使其具备了美术馆的功能。经过四年的筹备工作，越南国家美术馆1966年正式向公众开放。这里丰富的馆藏极为著名，从史前时期到近现代艺术家所创作的精品应有尽有，可说真是集古今之大成。藏品陈列主要包含史前和早期历史阶段的越南艺术品、11世纪到19世纪的越南艺术品、20世纪到21世纪的绘画和雕塑、应用装饰艺术、越南民间艺术、11世纪到21世纪的越南陶瓷制品六个专题，从18000多件艺术珍品中精挑细选出来的2000多件展品按照年代分别排列，让人能清楚地看到越南艺术的发展变迁。每年都有超过十万游客蜂拥进这座美术馆，几乎每个人看后都赞叹不已。

11 越南妇女博物馆
越南最佳旅游景点之一 赏

妇女博物馆是河内颇具特色的一家博物馆，自1995年对外开放以来，就一直很受当地人与外国游客的喜爱，曾多次被游客评为最佳旅游景点。博物馆的环境设计精致、优雅，主要分为越南母亲、历史女性人物、妇女协会、越南各少数民族妇女四个主题部分，展示实物1000多件。生动地向人们展现了越南妇女的生活情况和她们为越南社会建设作出的巨大贡献。博物馆内不仅能看到当地妇女战争时的英雄事迹，也可以了解越南各大民族的习俗、文化等。其中最吸引人的还要数越南各个少数民族的服饰，通过实物，游客可以了解到从古至今越南妇女在衣着服饰方面的细微变化。此外这里还重塑了乡村食堂、地下会议室等过去的场景，里面的妇女形象各个鲜活生动，让人印象深刻。

TIPS
36 Pho Ly Thuong Kiet 20000越南盾 ★★★★

12 河内歌剧院 赏
仿造巴黎歌剧院建造的艺术中心

TIPS
📍 Pho Trang Tien ☎ 04-38254312 ★★★★

河内歌剧院也是法国殖民时期的著名建筑物之一，当年是仿造世界闻名的巴黎歌剧院的样子建造的，包括其爱奥尼亚式的圆柱和灰色石板砖的建材都是由法国运到越南的，曾被认为是法国在殖民地的文化与建筑艺术的骄傲。在越南独立后，河内歌剧院曾一度变为宣扬社会主义的市民剧院，然而近年来又重新整修了一番，恢复了往昔的法式风采。柯林斯式的大圆石柱、巴洛克风格的装饰物、大型水晶吊灯、巴黎式的镜子、光亮的大理石阶梯，一切的一切都让人觉得好像身处欧洲一般。除了外观上吸引人外，这座歌剧院的设施也十分完备，尤其是音响效果十分出色。歌剧院会不定期地举行表演活动，内容形式极为丰富，其中尤以古典音乐居多，不少世界著名的音乐家和音乐团体也都在这里登台表演过。想要一睹剧院内风采的游客可以借机购买一张演出门票，感受一场华丽的盛宴。

13 升龙水上木偶剧院 娱
极具特色的木偶表演场所

水上木偶戏是越南最具特色的传统民间舞台戏，也是世界上独一无二的木偶戏，这种表演可以追溯到1000多年前，是当时越南水上文化的体现，这种水上木偶剧院大多建在一个长方形水池上，演出者就在这水深及腰的池里工作。他们利用两米多长的木棍和丝线操作木偶，让这些木偶做出一个个生动的动作，同时他们还会借助水的浮力，让木偶的动作显得更为逼真。其中升龙水上木偶剧院是河内乃至世界上最有名的水上木偶剧场，其节目内容、表演者的技艺或是戏台的精致程度都比其他剧院要出色许多，这里的木偶剧主要以越南农村的日常生活和各种传说故事为主，每场演出约1小时，有多种语言的节目单可以取来看，深受普通民众与游客们的欢迎。每天共有6场演出，从14:15-21:15基本每隔一个半小时演一场，周日早上9:30会加演一场。当天的票通常会卖得比较快，想要一睹风采的游客最好提早购买。

TIPS
📍 57B Dinh Tien Hoang,Hanoi,Vietnam ☎ 04-8249494 💰 一等席100000盾，二等席60000盾 ★★★★

14 镇武观

祭祀真武大帝的庙宇 赏

镇武观位于巴亭广场以北，北面靠近西湖和竹帛湖。其始建于黎朝太祖时期，距今已经有一千多年的历史，是升龙三大观之一，也是河内最大的道教宫观。整个建筑气势十分宏伟，墙壁上还有不少精美的浮雕和装饰。这里主要供奉道教的玄天真武大帝，正殿内就安放着用黑铜铸于1681年的"镇武真君"青铜像，像高3.7米，重达4吨。像中的真武大帝足踩石龟，右手持宝剑，身上还缠绕着一条巨蛇。此外这座观内外还有不少用汉字书写的对联和题词，很具中国风格，可见中国文化对越南深远的影响。

TIPS

📍 Pho Quan Thanh和Duong Thanh Nien的交界处
💰 5000越南盾 ★★★★

畅游越南 · 河内

15 越南民族博物馆

介绍越南各个少数民族的特色

TIPS

📍 Nguyen Van Huyen Road ☎ 04-7562193 💰 25000
越南盾

作为一个多民族国家，1997年开幕的民族博物馆就是越南重要的反映少数民族文化的博物馆。其主楼是越南最富有代表性的民族乐器平面铜鼓造型；场馆入口处是用红色花岗岩铺设的台阶，象征着越南的领土，台阶周围饰以深色石砖，象征着越南的领海。目前馆内藏品极为丰富，其中固定对外展出的就有700余件文物与280张照片等。藏品陈列分为室内陈列与露天陈列两部分。室内主要展示各个少数民族的民族服饰、乐器、婚丧用品、祭祀用品和日常所用的各种工具，还有反映每个民族各自特色的视频资料等。而位于庭院内的室外展区矗立着若干座按族属分组的民族建筑，各建筑内均按原状陈设有各民族的生产生活器物，生动形象地体现了各民族的风俗习惯。人们可以进到这些屋舍内亲身体验一下这些少数民族的普通生活，深入了解越南各民族悠久的文化与历史。此外博物馆内还设有纪念品小卖部与书店，出售各种民族工艺品与介绍越南民族历史的书籍。

16 河内西湖 赏
河内最大的湖泊

河内西湖是河内最大的湖泊,乃红河河水冲积而形成,这里湖中有湖,湖湖相连,河内及周边分布着不少寺庙、公园和其他景点。其在越南的影响力与我国的杭州西湖差不多,享有"河内最美的风景区"美誉。历史上早在李朝定都河内(升龙)时就已成为河内著名的游览胜地,有"剑湖烟水西湖月"之说。历朝历代的帝王将相都热衷于在西湖湖畔兴建住宅或是别墅,因此这里留下的古代建筑也特别的多,有镇武观、镇国寺、金莲寺等景点。如今,游览西湖时总能看到岸边垂柳依依,湖中小船点点,远处更是有一大片的桃花极负盛名,每当桃花盛开的季节,游人络绎不绝。值得一提的是西湖的夜景也十分美丽,丰富多彩的颜色将这里染得五彩缤纷,如梦似幻。

TIPS

Ho Tay 公交25路、33路、55路到Tru sở Quận uỷ Tây Hồ – Lạc Long Quân下车;14路、45路到324 Thụy Khuê下车 ★★★★

看点 ★ 金莲寺
状似莲花的古寺

金莲寺坐落在西湖一个半岛上,是河内最美的古寺之一,至今已有近千年历史。相传12世纪李朝时,有一位名叫"慈华"的公主到西湖边养蚕,公主死后其所居住的宫殿就成了金莲寺。经过历代重修,该寺还保存得较为完好。寺内的三观门是极为独特的建筑物,是取"三"字之形而建的三座平行的房屋。外座是下寺,中间为中寺,最后是上寺。三座房屋都有两层叠檐屋顶,飞槽绿瓦,雕梁画栋,斗拱柔美。从侧面看两层屋顶上的24片屋檐辐射四方,就如一枝莲花在四季碧波荡漾的西湖水面上绽放,假山与花木点缀相间。寺内至今仍保存着精美的塑像,如三世佛、阿弥陀佛和观世音等组像以及越南南北朝皇帝郑柞塑像,造型十分生动,全都颇具艺术价值。

17 镇国寺 赏
富有中国特色的寺庙

建于541年的镇国寺最初名为开国寺，1440年改为安国寺，直到17世纪才更名为镇国寺并开始大面积重修扩建，是越南历史最悠久的寺庙之一。越南古时受中国影响非常大，特别是在宗教方面，包括这座寺庙也和大部分的中国护国寺一样，寓意国泰民安，风调雨顺。在镇国寺近1500年的历史中，越南历代高僧都曾经在这里受教、住持。如今镇国寺的寺名和门口的对联还依然是用汉字雕刻上去的，十分具有中国特色。寺中还留有一座11层莲台宝塔，宝塔外观为六角形，塔内供奉有大量造型不一、神态各异的佛像。此外寺内还栽种有一株据说有2500年的菩提树，堪称镇寺之宝。

TIPS

 Chùa Trấn Quốc, Thanh Niên, Q.Ba Đình　04-38293869　★★★★

畅游越南 — 河内

069

18 白马寺 赏
河内历史最悠久的寺庙之一

地处河内老城区的白马寺是河内历史最悠久的寺庙之一,也是曾经的中国城的一部分。传说是当时黎太祖因修城墙总是崩塌,在此祈求后,寺中出现一匹白马,指引他成功修建城墙的位置,所以从那以后白马也被当作灵验的神祇而被当地人所崇拜。门前有一对石狮,寺内为前后两进院,院子中间有假山和浮雕画。走进寺庙,就能见到这里著名的白马雕像。殿内装饰和中国的寺庙区别不大,白马放在正中间,周围摆满了供品,上放一块金匾,写着"东镇正祠"四个大字。此外中间还有一座雕刻精美的木撑,侧面有供桌和神龛,木椅两旁都有繁复的龙纹雕刻。如今寺庙周围都是普通的民居,更让这里显得古色古香。

TIPS
76 Hàng Buồm, Hoàn Kiếm, Hà Nội ★★★★

19 华庐监狱博物馆 赏
从监狱改建而来的博物馆

TIPS
📍 1 Hoa Lo St,Hanoi,Vietnam ☎ 04-38246358 💰 20000越南盾 ★★★★

华庐监狱于1896年由法国殖民者建立，初衷是用于镇压当时的越南革命者。越南战争期间，这里用作关押战俘，战俘多为美国军人，被美国战俘讽刺地称为河内希尔顿。如今的华庐监狱博物馆基本保存了以前华庐监狱的原貌，馆内展览主要分作两个部分，第一部分主要介绍法国在越南殖民时期所犯下的累累罪行，展出了不少当时使用的刑具，让人看了不禁毛骨悚然；第二部分则是介绍了越战期间关押在这里的美军战俘的情况，包括许多战俘们在这里的生活情况等历史资料，是深入了解越战历史的最佳去处。

20 Dong Xuan市场

河内旧城区最热闹的市场

TIPS

🏠 Pho Đồng Xuân, Hoàn Kiếm ☎ 04-38261746
⭐ ★★★★

地处还剑湖以北的Dong Xuan市场是河内旧城区中心的一个著名大型市场,以物美价廉而著称。最初由法国殖民政府兴建于1889年,1994年的一场大火几乎摧毁了市场,之后经历多次修复翻新。如今Dong Xuan市场是河内最大的室内市场,也是河内最古老、最大的菜市场,其地址位置十分优越,是河内人以及游客们都经常会逛的地方。市场共分为三层,有数百家商铺在这里经营,主要批发、出售服装、家居用品、食品等。一楼有很多卖果脯蜜饯的摊位,使用越南新鲜水果腌制出来的蜜饯味甜而香味浓郁,是外国游客最喜欢的礼品或特产;二楼还出售各种布料,花纹和品种均属上乘,而且价钱也很便宜,如果有机会可以买上一点馈赠亲友。热闹的Dong Xuan市场不失为亲身体验最地道越南市井文化的好去处。

21 Craft Link慈善商店

"为善最乐"的慈善商店

靠近河内文庙街（Văn Miếu）的"Craft Link"是一家非营利组织开设的公益商店，其中的所有商品都直接来自于越南的少数民族村寨，所有商品贩卖所得均作为慈善基金，被用于培训手工艺者以及帮助当地村寨。游客在Craft Link能够以公道的价格选购到美轮美奂的少数民族特色手工艺品，在赏心悦目购物的同时还能够做善事。游客买得越多，无形之中就等于帮助了更多需要帮助的人，一举两得，何乐而不为呢？

TIPS
🏠 43，Văn Miếu，Hà Nội ☎ 04-38437710 ★★★

22 高级丝织品连锁店 "Khai Silk"
越南著名的家族经营企业

"Khai Silk"是越南著名的家族经营企业，集团拥有酒店、餐厅、咖啡店、服装店等，经过多年的发展，Khai Silk对越南市场的影响力日益递增。Khai Silk旗下的"Khaisilk"是专营高级丝织品的连锁店，以其出色的设计与质料在越南丝绸界也是数一数二，如今在河内、胡志明市都开设了多家分店，成了越南拥有高知名度的人气时尚品牌。Khaisilk的产品涉及男女服装、服饰配件、家庭饰品、床上用品等高级丝织制品，非常值得丝绸爱好者们一逛。

TIPS
96, Hàng Gai, Hà Nội 04-38254237 ★★★

23 Sapa Store 买
越南少数民族特色服饰专卖店

TIPS

📍 92, Hàng Gai, Hà Nội 📞 04-39380058 ★★★

位于还剑湖旁边的Sapa Store是一家越南少数民族特色服饰专卖店，其名源于越南北部一个苗族和瑶族的主要聚居地——沙坝（Sapa）。作为越南的首都城市，河内可谓集中了越南国内多数的优质、特色商品，这家小店主要贩售沙坝当地少数民族特色的服饰、手提包、钱包、床上用品等，琳琅满目的精美手工制品件件都可以称得上是艺术品。游客们不用四处寻找就可以在这里满足自己拥有正宗特色少数民族手工艺品的心愿，就算不购买也一样可以在这里大饱眼福。

24 Hanoi Smile漆器店 买
购买越南漆器精品的好去处

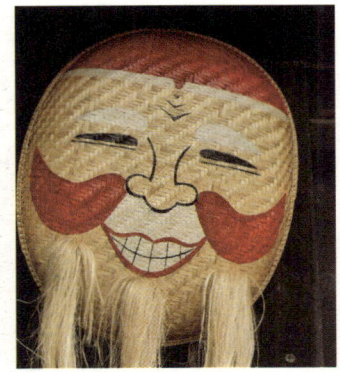

具有浓郁越南民族特色的漆器是越南人引以为豪的艺术品，也是探访越南的外国游客不可错过的伴手礼必备。越南漆器的制作工序非常复杂，以天然竹胚为胎体，采用从植物中提炼而成的天然彩漆为色，随后经过16道、24道甚至更多道纯人手加工工序之后方能完成作品，因此每件漆器成品的制作时间最少要经历60天，堪称是精雕细琢的民间艺术品。位于河内旧城还剑湖附近的"Hanoi Smile"就主营越南漆器，无论是杯、碗、碟还是相架、纸巾筒、调味罐、花瓶等各式日用制品均是色彩鲜艳、光芒四射，叫人爱不释手。

TIPS

📍 8 Nhà Chung, Hàng Trống, Hoàn Kiếm, Hà Nội
★★★

25 Cam Chi Food Street 吃
濒临河内火车站的美食街

Cam Chi街是河内著名的美食街之一，这里濒临河内火车站，交通十分便利，同时还汇集了河内各种经典小吃和美食，是来到河内的外来游客最常去的地方。这里有很多经营海鲜的大排档和出售各种传统越南小吃的小饭馆等，人们大可随便找一家店铺进去，点上一些那里的招牌菜，大快朵颐一番。要是不过瘾，就去下一家，直到肚子再也容纳不下为止。如果胃口够大，说不定真能够在这里尝遍越南美食。

TIPS

📍 Cấm Chỉ, Hàng Bông, Hoàn Kiếm ★★★★

畅游越南 · 河内

26 安贡馆（Quan An Ngon）
河内市著名的越式餐厅

TIPS
📍 18 Phan Bội Châu, Hoàn Kiếm, Hanoi ☎ 04-39428162 ★★★★

安贡馆（Quan An Ngon）是河内市最有名的越式餐厅。许多本地人都会向你推荐Quan An Ngan，目前在河内有三个分店。这家店汇集了越南各地的特色美食，装饰得古色古香，其招牌菜甘蔗虾、烤肉滨海、西湖虾饼、三色冰、碟仔粿、越式烧烤、蒸粉卷蘸鱼露、春卷（蒸的、炸的、素的、荤的）、粉、面等越式传统小吃都极受欢迎，每当夜幕降临，这里还会点起几十盏煤油灯营造气氛。在这里可以饱尝越南特色小吃，价格也比较公道，所以一到正餐时间便人满为患，建议还是早点前往比较保险。

27 吕望炙鱼脍（Cha Ca La Vong）
传承百年的美味餐厅 吃

炙鱼脍(Chả Cá)是河内有名的家传风味小吃，其做法是把鱼去骨切片，用调味品腌制，再入锅煎制而成，吃的时候配上花生米、香菜、葱等小菜和蘸酱。Cha Ca La Vong餐厅因专卖这一种食品而得名。其地处河内旧城区中心，从外表看这家餐厅相当不起眼，小小的门面让人很容易就错过。但这家店从1871年开始营业至今已经传承了五代人，距今已有150年历史，堪称越南最古老的餐厅，据说如今其所在的这条街就是因为它的大名才跟着改名叫Cha Ca街，在河内几乎是无人不知无人不晓。如今其鲜美多汁的鳢鱼锅、古法煎鱼和各式鱼类料理不仅品类繁多，而且美味可口，颇受食客称赞，是逛街观光之余不可错过的一道美味。

TIPS
📍 14 Chả Cá, Hoàn Kiếm, Hà Nội ☎ 04-38253929 ⭐★★★★

28 香塔（Perfume Pagoda）
石灰山崖上的佛教建筑群 赏

位于河内西南约60公里处的香塔是一组建在香迹山石灰山崖上的佛塔和寺庙建筑群。据说这座隐藏在山区中的神秘小庙群最初是由一个和尚在寻求开悟的途中无意发现的，后来这里开始建庙，寺后还有一个不小的天然洞窟，人们因地制宜在洞窟里雕出不少佛像，使这里成了一处佛教圣地。这里的建筑十分古朴典雅，每到重要的佛教节日就会变得十分热闹，因一年一度

的佛教徒朝圣庆典而闻名，每年春天都至少有三万朝圣者前来参加庆典。此外这里沿岸的风光还很像下龙湾，如果想体验水上风景线路，可以从河内坐车到My Duc，然后由当地妇女划船把你送到山脚下，再从下船的地方步行几公里山路到半山腰的寺庙。需要注意的是，山路有时会非常陡峭，下雨时还非常滑，加之短裙短裤等着装在寺庙里被认为是不够尊重的，所以女性最好穿比较正式的服装和合适的步行鞋。如今河内的一些旅行社还提供十美金左右的寺庙一日游项目，包交通、导游和午餐。

TIPS
📍 Huong Tich Mountain, My Duc District 🚌 河内乘车在My Duc换乘小船在香料寺下 ⭐★★★★

畅游越南 ┆ 河内

29 Bát Tràng制陶村

越南的景德镇

TIPS
 Bát Tràng, Hà Nội　　在河内乘47号巴士在Bát Tràng下
★★★★

　　中国是世界闻名的"陶瓷之国"，距离河内市中心仅7公里的Bát Tràng自12世纪开始便引进中国的制陶技艺，经过代代相传，这里已经成为河内乃至越南都相当有名的制陶村。数百年的传承使Bát Tràng村里几乎每家每户都从事与陶瓷相关的行业，如今Bát Tràng村的制陶水平亦位居越南全国之首，堪称"越南河内的景德镇"。从村口进入制陶村，可以看到在这里的主要大街两侧满满的都是出售各种陶瓷器皿的商店，花盆、花瓶、陶艺、茶具、餐具等应有尽有，价格方面也十分合理，对于热爱陶瓷的游客一定是"淘宝"、"血拼"的好地方！在各个小巷中还隐藏着各家陶瓷作坊，每家的院子里都满是白色的陶胎，人们各司其职，无论是拉胚、上釉、画彩都做得井井有条，感兴趣的游客可以在此欣赏到完整的制作过程。

30 Van Phúc丝绸村
越南最著名的手工艺村落

TIPS

 Vạn Phúc, Hà Đông, Hà Nội ★★★★★

位于河内西南部的Van Phúc丝绸村是越南最著名的手工艺村落。住在这里的人大多以纺织丝绸为生，而且他们至今都坚持使用最传统的手工纺织机进行纺织，将越南的传统工艺技术保留下来。这里的丝绸质量十分不错，而且其图案与织法也相当独特，在别的地方都难得一见。游客们除了能够进入到这些纺织工坊中参观，了解那些丝绸是如何从这里人们的巧手之下诞生的之外，还能在这里的集市上买到色彩华丽、花纹别致的丝绸制品，顺道还能参观、了解当地人的日常生活，十分具有越南特色。

31 La Mát养蛇村
以与蛇共生为乐的村庄

TIPS

 La Mát, Ân Thi, Hưng Yên ★★★★

蛇在东方人的文化中具有很重要的地位，很多人都害怕这种动物，但是在河内附近却有这么一座村庄，当地人以与蛇共生为乐，他们养蛇、玩蛇、吃蛇，熟悉蛇的习性，这就是著名的La Mát养蛇村。在这座村庄中，大概有370人都以养蛇为生，有人养蛇的历史超过了50年。不过初来乍到的人不必担心，这里的蛇都十分温顺，和村民们好像一家人。在这里游客们可以品尝到用蛇肉制作的精美菜肴，还能买到蛇胆、蛇皮、蛇药等，可以说这里把这种浑身是宝的动物利用到了极致。

32 陆龙湾（Tam Coc）
陆地上的下龙湾

TIPS

 Ninh Hải, Hoa Lư, Ninh Bình ◎55000越南盾 ⊙从河内乘Open Bus至宁平，再从宁平搭乘汽车或摩托车至Tam Coc，乘坐Ngo Dong River河上的排舟参观 ★★★★

陆龙湾位于越南宁平省，是宁平最有名的景点之一，距离河内约二百公里，也称"三古"，在越南语中是"三个洞窟"的意思。这里有着和下龙湾很相似的景色，所以也被人称为陆上的下龙湾。这三座神秘的洞窟散发着无穷的魅力，四处都是形状怪异的石头，巨大的石质山体从稻田里拔地而起，形成了令人瞠目的壮丽景观，故又以"稻田里的下龙湾"而著称。此外还有一条小河缓缓流经此地，人们可以坐船从河中漂流而下，遍览两岸美丽的风光。值得一提的是这里还有很多餐馆，在餐馆后面的文朗村（Van Lan Village）可以看到绣品的缝制过程，价钱也比较便宜。旺季游人络绎不绝，可以体验一叶扁舟过稻田的感觉。

33 菊芳国家公园（Cuc Phuong National Park） 赏

越南第一座国家公园

TIPS

Cuc Phuong National Park, Ninh Bình　从河内乘Open Bus至宁平，再从宁平搭乘汽车或摩托车至Cuc Phuong National Park ★★★

　　菊芳国家公园是越南最重要的自然保护区之一，地处海拔200~600米的石灰岩质山区中，面积达25000公顷，是越南成立的第一座国家公园。公园内种植了近2000种植物，还有500多种动物，昆虫种类最多，最著名的为蝶类。每年4—5月，这里彩蝶飞舞，吸引着众多的游客。此外这里还有巨大的千年古树——四数木（Terameles nudiflora）以及极具特色的芒族村寨（Muong Villiage）。公园中还设有由德国生物学家经营的濒危灵长类动物救助中心，中心饲养着120多只稀有猴类，其中包括许多从非法交易中没收的保护动物。游客们可以捐款或者买一些明信片、张贴画来支持这个可贵的保护计划。最好的旅行季节是每年的12月到次年4月期间，是徒步旅行的好去处。

VIETNAM GUIDE

Vietnam

畅游越南 ❷

下龙湾

下龙湾是越南北部湾的一部分,海岸线长达120公里。其北部邻接我国边境,东临东海,共分作东、西、南三处小海湾。这里集中分布着多座大大小小的石灰岩岛屿,在海水长时间的侵蚀之下,形成了举世无双的喀斯特地貌景观。典型的形式为伸出海面的锯齿状石灰岩柱,还有一些洞穴和洞窟,共同形成了一幅异国风味的如画景致。此外这里还是越族古代人类居住地之一,曾两次被列入世界遗产名录,也成了越南最吸引人的旅游景点之一。因其景色酷似中国的桂林山水,还被称为"海上桂林"。

01 下龙湾风景区
海上桂林 赏

TIPS

📍Vinh Hà Long 🚌从河内乘巴士到达下龙,再从游船码头乘当地旅行社提供的渡船观光,也可乘渔夫提供的竹编船游览 ★★★★★

　　下龙湾是越南北方广宁省的一个海湾,根据越南的神话传说,很久以前有一条母龙降落在这个海湾,散落成无数的石岛屏障,挡住了汹涌的波涛,使这一带人民安居乐业,因此人们便把这个海湾称为"下龙湾"。如今的风景区共分为东、西、南三个小湾,集中分布着3000多座大大小小的石灰岩岛屿,许多岛屿上还有天然岩洞石窟,有斗鸡石、天宫洞、天堂岛、仙翁洞、惊讶洞、观澜岛、香炉石、迷宫洞、木头洞、群烂岛、玉晕岛、人头石、三宫洞、赛辛岛、基托夫岛等主要景点,形态各异、山水相连、烟波浩渺,令人叹为观止。随处可见的舢板及帆船以及众多划着船售卖物品的渔家商贩更让其乡土风情增色不少。这里最适合乘坐观光船,是游客们前来越南游玩的首选之地。

看点 01 斗鸡石
下龙湾的独特形象标志

斗鸡石是两块约12米高的小石山，好像一对展翅的大鸡由一条狭窄的海沟分隔而面对面矗立在碧波之上，惟妙惟肖，十分生动。如今两块石山已成为下龙湾最独特的标志，还于2000年被选为越南旅游业的标志。每天吸引着无数游人乘船来此一睹其风采。

看点 02 天宫洞
典型的喀斯特溶洞

天宫洞位于木头岛，海拔高20米，总面积为3000平方米，由三个子洞组成，是下龙湾最不容错过的自然景观之一，这里具有典型的喀斯特地貌特点。洞的外间为一个大盆地，洞的中间和内间都有着多彩多样、精致柔美的石块石乳。在灯光的照耀下，这里的自然景物更显得美丽无比。当人们置身于洞窟之中时，越往里走越会被各种形状的石柱、石笋、石钟乳等吸引，仿佛进入了一个艺术气息浓厚的辉煌歌舞场。

看点 03 木头洞
下龙湾最大的洞窟

木头洞同样位于木头岛，距天宫洞仅300米，其名出自古代民间传说：1288年，名将陈兴道为了阻击蒙古大军，特地趁着涨潮的时候在这里埋下了木桩陷阱，因此蒙古所有船只都被木桩破坏，只得退兵，而木头洞也因此得名。如今在这里除了能看到很多出土的木桩遗迹外，还能看到广阔的石钟乳美景，在灯光的照耀下，反射出犹如宝石一般的光彩。

畅游越南 下龙湾

看点 04 惊讶洞
令人惊讶的岩洞

惊讶洞位于下龙湾景区中心部分的无串子（BOHON）群岛上，是下龙湾最宏大、最美丽的石灰岩洞之一，人们必须乘船后登上50多级阶梯才能来到这里。走进洞窟后，10000多平方米的空间让人惊叹。洞内大致可以分为前后两大部分，到处都是形形色色的石钟乳、石笋、石柱。不过这里最引人瞩目的还是要数洞顶那些自然形成的小圆穴，这些圆穴好像天空中的云层，又像是在歌剧院中为了音效而设计的天花板。

看点 05 人头石
酷似人头的小岛

在距惊讶岛两公里左右的地方有一座别具特色的小岛，远看像是一颗长颈的希腊人头像，有着高凸的大鼻子垂接水面，其顶端上的树丛好像正迎风飘扬的绺绺头发。这座小岛如今与斗鸡石一道成为下龙湾独特的标志性景观。

看点 06 三宫洞
三间相通的精致溶洞

三宫洞位于距惊讶洞约5公里处的云石（HONMAY）岛，此洞内有三个大厅，三间岩洞之间有很小的走道相通，只容一个人通过，洞口由外往内逐渐变矮。第二、三间洞底地形低陷，里面有大量石钟乳和石笋。虽然面积不大，但景色非常奇特、迷人。

看点 07 玉晕岛
珍珠笼罩的岛屿

玉晕岛是一个面积为12平方公里的土岛，很久以前岛上就已经有人生活了，如今岛上的下龙文化系考古遗址、17至18世纪的阮朝和莫朝古城遗址和贡安古代商港就是最好的印证。岛上的居民自古就在海底开采珍珠，这里的珍珠特别明亮，据传说在黑夜里都经常能看见海里珍珠的光泽形成一片玉晕笼罩着此岛，于是得到了这个美丽的名字。岛的周围有许多美丽的海滩，岛上还有一座高182米的万春山。如今岛上居民依然还在海底开采珍珠，珠蚌饲养业正在不断发展。

看点 08 天堂岛
下龙湾最美岛屿之一

位于下龙湾南面的天堂岛又称"神仙岛"，是下龙湾为数不多的带有沙滩的岛屿之一，其风景在下龙湾也可说是数一数二，是游览必到的岛屿。虽然岛不是很高，但整个岛屿被茂密的植被所覆盖，沙滩的面积较大，山下可游泳、泛舟。沿着崎岖的400多级石阶上行，山顶云雾缭绕，如入仙境，还有一个五角亭供游人观赏海上风光。登顶极目远眺，下龙湾风景尽收眼底，有一种"一览众山小"的感慨。蓝蓝的大海被群岛环绕，翠绿的岛屿又成为大海最美的点缀，一条条船只穿梭其间，无意间构成一幅流动的画卷。

02 吉婆岛
物产丰富的岛屿

赏

TIPS
- Cat Ba Island
- 从下龙湾或海防皆可乘游船直达
- ★★★★

地处越南近海的吉婆岛亦称婆湾岛，是下龙湾内最大的海岛。岛上有吉婆镇和五个乡与一个渔港。岛上山峰起伏、海岸线曲折，海湾中还有几处不错的沙滩和海滨浴场，此外岛上的大片漫无边际的原始森林已被越南政府划为国家级自然保护区，保护区内生长着众多的珍贵树木，森林里繁殖栖息着多种珍禽异兽，是一座巨大的天然动植物园。岛屿四周的海中则栖息着墨鱼、海虾、鲍鱼、海参、鱿鱼、沙丁鱼等丰富的水产资源。这个古老的渔村至今还保留着出海作业的传统，如今海滨一带集中了不少宾馆和商贩，镇上也有各式游览的旅行团项目，价格合理，十分值得一游。

看点 01 白沙海滩
吉婆岛上的著名海滩

白沙海滩是吉婆岛上最著名的海滩之一,主要分作1号、2号、3号海滩三个部分。其中2号海滩环境最好,也最为幽静,在这里可以看到一片白色的沙子,漫步在上面,脚下发出"吱嘎吱嘎"的响声,而脚底也好像是受到了按摩一般,感觉非常舒服。此外这里还有简易的住宿和野营设施提供,人们可以在海滩上欣赏美丽的日出日落场景。如今1号和3号沙滩还修建了度假村,成为下龙湾的又一旅游度假胜地。

看点 02 医院洞穴
容纳野战医院的洞窟

在下龙湾有很多天然形成的洞穴,越战时期越南军队就充分利用了自然条件,隐蔽在这些洞穴中躲避敌人的空袭,因此这些洞窟也被赋予了各自不同的功用。其中医院洞穴是越战时期的战地医院,在激烈的战火中很多伤员都被安置在这里,为越南人民获得最终的胜利立下了汗马功劳。如今在这里还能看到很多当时留下的痕迹和资料,借此还能想象当时那激烈的战争场面。

看点 03 吉婆国家公园
吉婆岛风光的精髓

吉婆国家公园距离吉婆镇17公里，总占地面积150平方公里，园内有湖泊、瀑布、石灰岩溶洞等千变万化的自然风貌，还有各种亚热带常绿树木、成片的红树林以及一些特有的珍稀植物。森林里繁殖栖息着鹿、猴子、刺猬、金色猿猴等多种珍禽异兽，可以说是一处世外天堂。除了自然风光外，山上还有一处被称作中庄的山洞，里面发现过古老的石器时代文明遗迹，可一探其悠久的历史。值得一提的是公园中还有一条五到六小时的徒步线路，园内也允许野营，但不提供野营装备租赁，需在吉婆镇上租赁。

03 巡洲岛

胡志明生前疗养地

TIPS

📍 Tuần Châu, Ha Long　🚢 从下龙湾乘游船可达　⭐ ★ ★ ★

巡洲岛是胡志明生前的疗养地，过去这里只是一个普通小岛，后来人工修建了一条通海大道，又在岛上建筑了许多楼堂馆所、别墅区、表演场、植物园等，形成了一个功能完善的度假村。整个岛屿建设得都很漂亮，岛的东部有许多两层楼格外引人注目，其中一幢掩映在青松、白檀丛中的八角形红瓦楼房，就是胡志明主席生前游览下龙湾时常常休息的地方。岛上还有下龙湾又一个著名的山洞——中门洞，分为形状、规模各不相同的三间，外洞像一间高大宽敞的大厅，可以容纳数千人，洞口与海面相接，涨潮时游艇可以一直开进洞口；中洞的拱形洞口只能容一人通过，旁边立着一块灰白色的大石头，像一头大象守卫着洞门，透过拱形洞口射进来一些微弱的光，洞里的一座座钟乳石全都闪烁着绮丽的光彩，再通过一个螺口形的洞口就能进入长60米、宽20米的长方形内洞，四周钟乳石错落有致，自然地形成了许多小洞及生动的雕像。

04 水上海鲜市场
下龙湾最大的浮动渔村

TIPS

📍Cửa Vạn, tp. Hạ Long，tỉnh Quảng Ninh 🚢从下龙湾乘游船可达 ⭐★★★★

　　水上渔村(CUA VAN)是下龙湾最大的浮动渔村，在这里许多平地而起的天然岛屿阻隔了大风大浪，为渔民提供了绝好的避风港，成为当地渔民赖以生存的一片栖息地，为满足基础生活的需要，自然而然地形成了水上市场。与其他街市不同的是，这里所有买卖活动都在水上进行。如今大约有130个浮动房子，约600人生活在这里，水上加水站、加油站、杂货店、警察局等日常必须场所一应俱全，最后一个渔民村已发展成为下龙湾远近闻名的海鲜市场，每天都有不可计数的游客涌入下龙湾。渔民们仍旧出海捕鱼，只不过贩卖对象不再只是当地居民，旅游者成了他们的新主顾。在这里，游客们可以近距离了解水上民族的渔家生活，更具诱惑的是这个市场的主题是"吃"，游客到此可以大饱口福。买好的海产在船上的厨房就可以请厨师烹调，没有购买的游客也可以直接在船上就餐，还可尽情参观。

VIETNAM GUIDE

畅游越南 ③

Vietnam

顺 化

　　顺化位于越南中部，这里是一处狭长的平原，西靠长山山脉，东临南中国海，除了有香江蜿蜒流过外，还有物产丰饶的玉屏山，地理条件十分优越。顺化在历史上曾先后被定为越南三个朝代的都城，是一座极具历史韵味的古城，如今也是越南的文化、宗教和教育中心之一。美丽蜿蜒的香江将城市分成南北两个部分，其中北部是老城区，这里随处都能看到充满古意的古老建筑，最具人气的景点当属过去的王城。除此之外，香江之畔还有不少古代佛教寺庙和占婆文化遗迹。相对于其他大城市的嘈杂和忙碌，顺化更显得幽静而古朴，正是这一点吸引了无数来自世界各地的游客。

01 顺化皇城
顺化微缩版的故宫

TIPS

📍Hoàng Thành, Hue province, Vietnam 💰80000越南盾 ★★★★★

　　顺化曾是越南古代阮氏王朝的首都所在，因此拥有很多历史悠久的古代建筑，其中顺化皇城作为当时王朝的统治中心而成为其中的经典。这座城池始建于嘉隆（Gia Long）皇帝在位期间的1804年，是模仿中国故宫而建的，故也被称为"微缩版的故宫"。这座"越南故宫"坐西北朝东南，背靠御屏山，面临香江而建。整个皇城呈四方形，护城河上有三座石桥，城墙高8米，南北面各长606米，东西面各长622米。午门内有太和殿，是皇帝议事的办公场所，太和殿两侧有两个厢殿，分别是后宫和御花园。后面的乾成殿是皇帝的居所，此外还有皇后住的坤泰宫、皇太子居住的光明殿、其他后妃居住的顺辉院等。城内还设有旗台、祭祀的宫广殿和庙宇。皇城在美越战争中曾遭到轰炸，除了城楼外观完好外，其余都只剩下建筑或台基了，但是这里的气势仍然能够给人留下深刻的印象，是越南现存最大最完整的古建筑群。

看点 01	**午门**
	顺化皇城的大门

午门是顺化皇城的大门,砖石砌成的城门上用汉字写着"午门"二字,据说当年这两字曾经是用纯金打造的,透出王城的奢豪。城门上方的五凤阁和门楼呈U字形,下面开有五座大门,正中央的红漆大门是专供国王出入的,两侧是文武官员专用,最外侧的两道大门则是王室大典时军队和大象出入的。其规模虽然比中国北京故宫的午门小,但其式样基本一样,非常具有历史感,是一处值得观赏的景点。

看点 02	**九门大炮**
	王宫内的礼炮

午门两侧的城墙外有九门大炮,这些大炮是1803年由越南嘉隆皇帝下令将西山王朝的铜质器皿融掉而铸成的,并被封为"神威无敌大将军"。每门炮长5.1米,重10吨,分别以春、夏、秋、冬、金、木、水、火、土命名,代表四季和五行。这九门大炮从铸成之日起就没参与过任何战争,一直安置在王宫内作为礼炮使用。

看点 03	**古旗台**
	顺化最醒目的标志

古旗台是以前皇家进行庆典仪式挂旗的地方,位于王宫第二层城墙外。最初的旗台建于1807年,经过台风、战争等灾难曾数次被毁又数次重建。如今存留的旗台高17.4米,外观是三层阶梯的金字塔造型。在旗台正中矗立的旗杆高29.52米,最初木质的旗杆在1947年改为钢筋水泥制,曾经在阮朝期间飘扬在旗台上空的王旗和四米长的帝王大旗现今被越南国旗取代,是全顺化城内最醒目的标志,很值得前来参观。

畅游越南 顺化

看点 04 世祖庙
皇城最辉煌的祠堂建筑

位于太和殿西侧、皇城西南角的世祖庙始建于1821年，是供奉世祖高皇帝（嘉隆帝）阮福映以下历代阮朝帝王牌位的宗庙。世祖庙正殿前庭为显临阁，在阮朝时代曾是顺化城最高的建筑，任何其他建筑都不得超过这一高度。显临阁有十一开间大小，里面一列排开供奉了越南阮朝七位国王及其皇后的牌位，其中正中央是嘉隆帝和两位皇后的牌位。值得一提的是，被废及被迫退位的恭宗（育德帝）、朗国公（协和帝）、咸宜帝、成泰帝、维新帝及末代保大帝神主均未入世祖庙。

看点 05 太和殿
顺化皇城最重要的建筑

建于1805年的太和殿是顺化王城最大最重要的建筑之一，始建于1805年，后于1824年重修，21世纪初又进行了大修。建筑在模仿中国风格的同时也保持了越南本土的风格。殿基高2米，纵深30.5米，宽44米，高11.8米，大殿为七开间，殿内的柱子全部由越南土生土长的稀有铁木制成，柱上漆有鲜艳的红色及金色颜料，横梁上则画有四季风景、圣兽、花鸟等。所有的建筑门外都有雨檐，由一排柱子支撑，屋顶用金色琉璃瓦铺成。殿前为清化石砌成的石台，即品阶石，分成两级：文武百官中三品以上者，站在上一级，四品至九品者，站在下一级。阮朝13位国王都曾经坐在太和殿内的龙椅上主持加冕、国王生日、外国使节觐见和每个月两次大朝等各种典礼。

看点 06 九鼎
象征阮朝政权的九鼎

位于世祖庙前的九鼎铸造于1836年，象征着阮朝政权稳固。九鼎的每座鼎上都镌刻有日月星辰、山川海洋、花草等17种共153个图案，后人则以阮朝不同国王的谥号为九鼎命名，并将其一一移至与世祖庙里牌位对应的位置，正中央的高鼎就对应嘉隆帝，是九鼎中最高最重的一座。左一为仁鼎，左二为英鼎，左三为顺鼎，左四为裕鼎；右一为章鼎，右二为毅鼎，右三为宣鼎，右四为玄鼎。

看点 07　肇祖庙与太祖庙
纪念阮氏王朝奠基者的祠堂

　　肇祖庙与太祖庙是为纪念阮氏广南国奠基者肇祖阮淦和太祖阮潢而修建的祠堂，肇祖庙与太祖庙在战争中都受到了很大损伤，现今被辟为越南王室用品展示区，游人可以在这里欣赏越南王室的各种朝服、家具和日常使用器皿等。

看点 08　紫禁城
皇帝曾经居住的区域

　　位于皇城中央偏后区域的紫禁城又称宫城，建于1804年，1822年将太和殿南迁，常朝和内寝区域建围墙，改名为紫禁城。紫禁城城墙周长930米，高2.81米，墙厚0.54米。总共设有7个门，前有大宫门，后有祥鸾门和仪仗门，东边有兴庆门和东安门，西有嘉祥门和西安门。城内采取中轴对称布局，大宫门、勤政殿、乾成殿、坤泰殿、建中楼形成中央轴线，两侧对称布置左庑、右庑，文明殿、武显殿、光明殿、贞明殿，养心院、顺徽院，外围则布置阅是堂、太平楼、绍芳园、六院，以及内务府、侍卫值房、尚膳所、御医院等内廷服务机构。在1968年越美顺化战役期间，城内的许多建筑都遭到严重破坏。其中阅是堂已在1995年至2002年间重建，成为越南古代宫廷音乐演出场所。

看点 09 阅是堂
越南古代宫廷音乐演出场所

　　阅是堂是顺化王城内的重要部分，是以前王室欣赏戏剧表演的娱乐场所，也是越南现存最古老的传统剧院。它建于1826年，直到1945年进行的最后一场皇家演出，这里便有了120年的演出历史。后在战争中遭到破坏，又于近年来重建。剧院内部格局方正，头顶上为代表了天空的蓝色天花板，上面还画上了日月星辰的图案。观众席则分成上下两层，上层曾是王后嫔妃们的包厢，下层则是国王、政府官员和外宾的坐席。如今已成为越南古代宫廷音乐的演出场所。

看点 10 太平楼
顺化王城内的王家图书馆

　　太平楼又称为王家图书馆，由文学造诣颇高的明命帝（阮朝第二代君主）修建，是阮朝王室成员阅读和休闲的场所，楼前的方形水池装饰有造型不一的奇岩怪石和植物，其雅致景观颇具中国江南园林风情。此外值得一提的是，太平楼还是顺化皇城内唯一在1947年法军二度入侵顺化王城时躲过战火摧残的建筑。

看点 11 顺化皇家艺术博物馆
越南各个时期精美艺术品的聚集地

　　顺化皇家艺术博物馆位于顺化皇宫东门显仁门东南侧不远的隆安殿宫殿内，其前身是阮王朝启定皇帝于1923年颁布谕旨成立的启定博物馆。建筑包括七间两厢，有128根珍贵木柱，呈"重檐叠屋"布局。优质的木质构件雕刻着龙、麒麟、龟、凤四种灵兽以及千首汉字诗，可以说是建筑、诗、画宫殿。如今的博物馆收藏、保护和陈列了1802年到1945年越南阮朝宫廷生活有关的近万件文物，包括拥有150多年历史的彩绘玻璃，象征王权的青铜器皿，各种做工精细的陶器、珐琅器、象牙、服饰等，其中有不少被列入越南国宝名录。殿外大院有阮朝和前朝的30门威武神功炮，以及黎朝和阮朝的石碑、石像、铜钟、铜鼎和铜锅，兼具历史与艺术价值。

看点 12 顺化战争博物馆与历史博物馆
展现战争与历史的博物馆

顺化战争博物馆与历史博物馆都位于顺化皇城的东面不远处。院内左右两侧为顺化战争博物馆,中间是历史博物馆。战争博物馆以图片的形式展示了越南对抗西方列强战争中所经历的苦难,露天院坝里摆满了各式坦克,适合军事爱好者仔细观摩。历史博物馆内陈列了许多阮朝皇室珍品,展品呈现了皇室曾经的辉煌,也表现了皇朝衰落后的凄楚。两个博物馆是参观皇城之余了解顺化历史的好去处。

看点 13 静心湖
皇城内的公园

位于顺化皇城内的静心湖是1838年明命皇帝下令修建的。除了静心湖,这里还有殿、阁、楼、岛、桥等许多景点,这使静心湖成为皇城的名胜之一。如今的静心湖虽然有了不少残损,但其原有的风貌基本上还保留着。每到夏天,湖上的莲花肆意绽放,一派生机勃勃的景象。

02 天姥寺 赏
历史悠久的古刹

TIPS
顺化西郊香江北岸安宁村高坡上 ★★★★

位于顺化西郊的天姥寺又名灵姥寺，是越南最著名的古刹之一，始建于公元1601年阮氏王朝时期，乃阮氏始祖阮淦次子阮潢所造。寺庙修建在越南香江之畔的小山头上，这里原本是占婆古国的宝塔群，据说是越南的龙穴所在，因此被历代统治者奉为圣地。1710年添造了重3285斤的大钟。1714年扩建后，拥有了天王殿、玉皇殿、大雄宝殿、说法堂、藏经楼、钟鼓楼、十王殿、大悲殿、药师殿等数十座金碧辉煌的建筑。后又经多次毁坏、重修。如今寺内绿树遍地，草木森森，是一处幽静深远的佛家殿堂。在寺内还有一座广为人知的福缘塔，塔为八角形楼阁式，高七层，每层内祀佛一尊，是信徒们顶礼膜拜的地方。塔前是与香江通连的天姥荷花潭，耸立于绿树丛中的塔身倒映潭中，波光塔影，景色绮丽。

03 嘉隆陵 赏
最具代表性的顺化皇陵

顺化皇陵是顺化新阮朝皇帝的陵墓群，六座陵墓分散在顺化以西香江东西两边的山岭上，东北距离市区7～15公里，每座陵墓占据一两个山头。每座陵墓都有几间大厅，陈列着这个皇帝生前常用和喜爱的器皿实物。其中最为壮观的就要数嘉隆陵了，嘉隆陵是越南阮朝世祖高皇帝讳阮福映与其妻承天高皇后宋氏兰合葬的陵基。陵基正对面远处有36座耸伏的山峦，被认为是形胜之地。陵园中华表耸峙，殿宇巍峨，祭殿前两侧排列着文臣、武将、石雕和石兽，殿后是宝城，也就是墓穴所在地。陵园内还有碑亭，石阶两旁有大量精致的石龙浮雕和几处清澈照人的湖池，陵园布局严谨，环境清幽。作为越南阮朝的开国君主的陵墓，被认为是顺化皇陵的代表。

TIPS
Hương Trà, Thừa Thiên Huế　80000越南盾
★★★★

04 启定陵

融合了欧亚元素的王陵 赏

启定陵位于风光旖旎的朱字山上，这里是阮朝弘宗阮福晙的陵墓，也称应陵。启定王为阮氏王朝第十二世王，深受法国文化影响，所以这座王陵参考了很多欧洲元素，将其融入越南的传统建筑中，形成了独特的风格。这座陵墓依山而建，共有127级阶梯，陵墓共有三层，一层比一层高，其中的建筑都使用钢筋水泥建成，因此颇具现代感。其中第二层最有气势，石象、石马和石群臣在两旁分立，中间是一座两层的石亭，亭子的石柱上雕刻着蟠龙，气韵生动，顾盼有神。亭中央放置着石碑，这组雕塑时常出现在越南的明信片上。第三层就是启定帝的陵寝，外面看是一座雕满龙的建筑，各种龙纹图案生动精致，远超一般艺术品，里面有一尊启定的铜像，是1922年在法国按照启定的真人大小铸造的。殿前矗立罗马圆柱，加上西洋水泥雕画、红铁门、欧式吊灯等，充分展现了越南近代史的文化多元性。虽小但却是所有皇陵中最精美的一座。

TIPS

📍 距离顺化市中心十公里的朱字山上　💰 80000越南盾　🚗 从顺化城内可租车前往，也可在香江租船前往　★★★★

05 明命陵
顺化规模最宏大的一座皇陵

明命王陵也称孝陵，建于1840年，安葬着阮朝第二位皇帝——明命皇帝阮福晈。明命陵是顺化皇陵中最完整、最漂亮的一座，其建筑与周围的环境相融为一体，布局很像中国的北方园林，内部格局大气，以中间的大红门为主轴，形成了长约700米的中轴线，大门、碑亭、崇恩殿、明楼、宝城等都是沿神道而建，石人石马等依次并排两侧，左右对称，显得相当严谨。此外建筑群中还点缀着莲池和松丘，四周树木葱茏，景色十分秀丽。墓区位于王陵的最后方，这里用高墙围起了一个圆形区域，四周种满苍松翠柏，不过平时这里大门紧锁，并不对外开放，游人们只能在外面一窥其景象。值得一提的是，据说明命陵圆形的宝城和前方月牙形的小湖恰巧组成一个明字，风水设计十分巧妙。

TIPS
- 49, Hương Tho, Thua Thien-Hue
- 80000越南盾
- 从顺化城内可租车前往，也可在香江租船前往 ★★★★

06 嗣德陵

赏

阮朝建筑群中最漂亮的工程之一

嗣德陵也称谦陵，是阮翼宗阮福时（年号嗣德）的陵墓，陵墓建造得颇具艺术气息，反映了他本人的文学素养。这座陵墓坐落在顺化市水春社上坡村一个狭窄的盆地之中，原为当时嗣德皇帝在社会混乱、外国侵犯边境、宫内争夺宝座、自己又身患无力之病等情况下下令修建的第二个行宫。内部庭院叠套，还建有假山、莲花池、水榭、小桥、禁宫、戏台、书房、祭室等建筑，乍一看根本不像是一座王陵，而更类似于我国的南方园林。陵内分祭祀和墓冢两个部分，祭祀区主要以良谦殿和温谦堂为中心，分布着各种祭堂，用以存放王家御用的祭祀用品等，还保留有越南最古老的戏院鸣谦堂遗迹。而墓冢区则以碑亭为中心，可以看到翼宗和他的儿子简宗的墓冢，碑亭里有一座20吨重的石碑，碑上刻着有4935个汉字的《谦宫记》，是嗣德皇帝关于自己生活、王业、病情等问题的告白。拜祭殿前两侧排列着文臣、武将、石雕和石兽，十分具有历史韵味。

TIPS

Thủy Xuân, Hue, Thừa Thiên Huế 80000越南盾
从顺化城内可租车前往，也可在香江租船前往 ★★★★

畅游越南 | 顺化

103

07 绍治陵
形制精细简练的王陵 赏

TIPS
顺化市香水县水平社居正村 ★★★★

绍治陵是阮氏皇帝陵墓群中唯一面朝西北边的陵寝，也是顺化各个王陵中规模较小的一座，因为年号绍治的阮朝宪祖阮福暶在位时间短，所以并没有来得及大肆建造陵墓，主要工程仅用了三个月就已完成。这座王陵的形制和宪祖父亲的陵墓明命王陵很类似，但是削减了不少建筑，显得简洁精练。这里没有建造高墙，只以山川为屏障，穿过碑亭、祭庙后就是墓冢所在地。如今这座王陵尚未整修，显得较为破败，不过从其中的残垣断壁里能体会到浓郁的历史感，让人回味悠长。

08 斗兽场

王室观看斗兽表演的场所

TIPS

🚶 市中心Le Loi往西步行可到 ★★★★

一般说起斗兽场，人人都会想起罗马那座大竞技场，其实在顺化也有这样类似的建筑。这座圆形的斗兽场建于1830年，直径达44米，距今已经有近两百年的历史，是当时的皇室为了显示其强大国力而建造的，供大象与野兽搏斗。斗兽场四周共有两个出入口，专供国王和王室成员及大臣出入。根据当时的传统，这里每年都会举行两次虎象斗，一般来说大象由于象征王室，都会被喂得很壮实。而作为敌对的老虎则被去掉了牙齿和爪子，所以胜负很明显，不过这种比赛结果重于过程，更像是一种祈福和宣传的仪式。如今这里周围都被民房包围，斗兽场的楼梯也年久失修，但仍依稀可见当年的气势，可以想象当初这里是何其辉煌，不禁让人感叹时过境迁。

畅游越南 顺化

09 东巴市场
顺化最重要的商贸集散地 逛

TIPS
D Tran Hung Dao　顺化市内租车或乘摩托车可达
★★★★

东巴市场位于顺化的东门附近，自古以来就是越南香江岸边重要的商贸集散地。不过1885年时，一次火灾将这片市场化为乌有，4年后市场被重建而且迁到了现在的地址。虽然历经磨难，但是这里依然作为顺化重要的商业中心屹立了百年之久。如今东巴市场是前来顺化购买纪念品最好的去处，在这里能看到各种顺化特产，包括诗篇斗笠、刺绣、虾酱等物，还有各种新鲜的瓜果和海鲜。此外，这里还有不少路边摊专门出售传统的顺化小吃，牛肉河粉、豆沙糕、五色糕等物都是值得一尝的美味。此外这里的糯米纸和绢画也非常有名，但市场开价普遍较高，一般能以四分之一的价格买下。

10 香河航行 赏
乘船一览香河沿岸的美景

TIPS
📍 Song Huong ★★★★

香河是顺化最美的地方之一，被誉为"顺化的灵魂"。顺化整个城市被香河分割成两个部分，沿香河两岸布局，水城氛围浓郁，河流纵横交错，气候凉爽宜人。蜿蜒清澈的香河穿城而过，举目望去，河的北岸是皇城区和天姥寺，南岸则是充满了法式风情建筑的新区，著名的钱场铁桥把两区连接在一起。香河上游两岸还长满了芳香四溢的石菖蒲，缓缓穿过顺化市内的香河也就此将一片芬芳带入城市。游人可以乘船在河中顺流而下，沿途两岸各种高楼大厦鳞次栉比，夜晚两岸建筑绚丽的灯光更是将香河染成五颜六色，仿佛天堂一般令人目眩神迷。在顺化市内可以参加巡游香河的团队游，行程可以到五个皇陵和天幕塔，也可以自行选择参观任何一个皇陵，还包括午餐供应，通常整个行程会从每天早上8点开始直到下午4点结束，十分值得体验。

11 圣母大教堂
顺化教区的主建筑

TIPS

 80 D Nguyen Hue ★★★★

　　法国侵略者占领顺化后，便将这里开辟成为一个基督教教区，并且获得了梵蒂冈的罗马教廷的承认。这座教堂由阮美禄建筑师设计，建于1959—1962年，这座圣母玛利亚天后堂便拔地而起，成为这里基督教的中心。其造型十分雄伟壮观，混合着欧洲和亚洲的建筑风格元素，有点像是一座城堡，整体前高后低，两侧高中间低，两个高耸的哥特式尖顶气势雄浑。教堂两侧各有一片花园，是当地人读书和休憩的场所。门口矗立着一座高大的圣母玛利亚塑像，神情安定慈祥，好像要赐福给每一个来这里的信徒一般，深受当地基督教徒的崇敬。教堂内宽38米，长72米，由安装在墙上的一片片大型彩色玻璃照亮。整座教堂为典型的法兰西风格，是顺化市内标志性的法式建筑。

12 妙谛国寺
顺化三大国立寺庙之一

　　由绍治帝阮福暶于1841年在位期间修建的妙谛国寺是顺化三大国立寺庙之一，曾经是越南国王直接管理的王室寺庙，寺院内建筑宏伟，布局严谨，现今置身其中依旧可以感受到旧时越南皇家寺院的威严。

TIPS

100B Bach Dang Street, Hue City ★★★★

13 顺安海滩
环境最优美的海滩

　　距顺化市中心12公里的顺安海滩是一处美丽的浅海珊瑚区，海滩长达1公里。这里污染度极低，拥有白色的沙滩，蓝色的清澈海水，周围十分安静，是顺化附近风景最美的海滩。据历史记载，这里在军事、交通、运输、经贸等方面都占有重要的地位。顺安海滩最热闹的时期是4—9月，相对于海滩上的喧闹，这里的海水十分沉静，并没有太大的波涛，人们在这里可以看见大海安稳温柔的另一面，还可以在附近的酒店里远眺这美丽的海景。如果早起还能享受顺安的日出景色，日落时可以看着红色的太阳慢慢从地平线上消失，这时候脱下鞋子漫步在柔软的沙滩上，别提有多美了。

TIPS
🏠 Song Huong河口处　★★★★

14 巴马国家公园
最著名的避暑胜地

　　巴马国家公园就位于顺化到岘港之间的海岸边，法国殖民者占据越南的时候所建立的山丘观测站就在这里，曾经是法国人消暑解热的好地方，如今已成为顺化附近的一处著名度假避暑胜地。公园内山峰绵延，绿树成荫，气候凉爽宜人，特别是在山间叮咚作响的潺潺小溪与飞流直下的瀑布更是让人倍感舒适。这里还生活着不少平时难得一见的珍稀鸟类与纷飞多彩的蝴蝶，是生物爱好者们的天堂。此外还有旅馆和露营的驻扎点可以提供住宿，可充分与大自然融为一体，实在是野趣十足。

TIPS
🏠 Phu Loc District, Thua Thien-Hue　☎ 54-3897360
💰 20000越南盾　🚌 从顺化包车可达　★★★★

VIETNAM GUIDE

Vietnam

畅游越南 ④

岘 港

　　岘港是越南中部的一个著名港口城市，北连顺化，南接芽庄，背靠五行山，东北有山茶半岛作屏障，海湾呈马蹄形，港阔水深，形势险要，为天然良港，现为海军基地，可停靠万吨级军舰。旧称"土伦"，又称"汔馒"，如今是越南的阳光地带，世界上著名的六大海滩之一，被誉为东方夏威夷，曾入选美国《国家地理》所评的全球五十个不得不去的地方之一。

01 岘港大教堂
越南最漂亮的教堂

TIPS
📍158 Trần Phú, Phước Ninh, Hải Châu ★★★★

　　岘港大教堂又被称作雄鸡教堂，建于1923年，最初是法国统治时期的天主教堂，以其高大钟塔上的风向标为标志，是越南中部最大的西方教堂。如果说岘港大教堂是越南最漂亮的教堂肯定不为过，其中世纪风格的彩绘大玻璃窗与粉红色的外观相映成趣，鲜明可爱，竖直的线条凸显出典型的哥特式风格，令人印象深刻。正中间高大的尖塔顶上竖立着一只信风鸡，所以这里有"雄鸡教堂"的称呼。教堂里随处都能见到越南历史上著名的基督教圣徒塑像，一座座生动精美，备受人们的敬仰。如今每逢周日都有弥撒，游客可以进去参观。

02 山茶半岛
岘港的天然屏障

TIPS

13 Km South from Danang ★★★★★

　　山茶半岛位于岘港市东北部,长15公里,最宽处5公里,最窄处1公里,距市中心13公里。虽说是一个半岛,但是它的海拔并不低,平均海拔有693米,形成了一个天然的屏障,为岘港市阻挡了不少风雨灾害。2002年东南亚大海啸时,岘港毫发无损就归功于山茶半岛,当地人特地在这里新建了一个高68米的观音像,远远就能看到,十分壮观。半岛上山峦起伏,林木繁茂,有原始林4370公顷,并有鸟兽出没;还有爪哇猴、长尾猴、红脸鸡等珍稀动物。此外这里还是一个佛教圣地,岛上随处可见满目的中文和古中式寺庙建筑。站在半岛上可以鸟瞰岘港市,整个岘港一览无遗,风景独好。半岛上的中国海滩(China Beach)素有越南黄金海岸的美称,美丽迷人的海景令人流连忘返。

看点 ★ 中国海滩
曾经的美军疗养基地

岘港是越南一处著名的海滨城市，拥有长达30多公里的海岸线，在越战期间是美军率先登陆的地方，还一度是美军的疗养基地，被美国人称为"中国海滩"。在岘港众多风景优美的海滩中，拥有雪白沙滩和蔚蓝大海的美溪海滩是其中最著名的一处，也是各国游客来到岘港不可错过的地方，被誉为"东方夏威夷"，已被认定为全球六大细沙滩之一。在美溪海滩上竖立着很多越南传统风格的遮阳伞，游人既可以远眺海天一色的美丽风光，也可以在不深的海水中漫步，享受海水没过脚面时的舒服感受。海滩边餐馆林立，白天跑步的、打排球的、踢足球的、游泳的游人散落海滩，很是热闹。喜欢安静的游人可以选择入住海滩附近的酒店，早晨和傍晚都很宜人，人少十分清静，可独享美丽的沙滩与美味海鲜，让人不禁流连忘返。

03 占婆雕刻博物馆
世界上最大的占族石雕艺术博物馆 赏

TIPS
- 2 2/9, Bình Hiên, Hải Châu, Da Nang
- 51-13470114
- 30000越南盾 ★★★★

岘港是曾经盛极一时的占婆王国的首都所在地,因而留下了很多占婆时期的遗迹,其中以雕刻艺术最为出名。占婆艺术起源于印度教,但更为注重面部表情的刻画,给人的感觉非常另类。许多神话人物在雕塑中更是被凡人化,从而更接近一般民众。1915年在法国远东研究院的支持下,这里兴建了占婆雕刻博物馆,经过两次扩建形成了如今的规模。这座半露天的博物馆采用占巴建筑风格,共分为8个区域,按照不同的时间段展示了占婆时期的艺术精髓。馆内保存了黄平省至平定省一带出土的7~15世纪的占婆石雕、陶雕大大小小300多件,件件都堪称艺术精品。博物馆建筑虽然简陋但古色古香,在此可了解古老神秘的占婆王国历史,见证一个王朝的辉煌。

看点 01 美山馆
收藏美山出土的印度教文物

美山馆是收藏著名的宗教中心美山所出土的各种印度教文物的地方。这里最重要的文物当属一座刻有当时修行隐士生活状态的大型林迦像。这座雕像诞生于7世纪,上面刻满了隐士们弹奏乐器、讨论经文等场景。另一重要文物则是一件描绘了印度教创世神话的三角楣,上面的图案刻工精细,具有极高的艺术价值。

看点 02 东阳馆
展示当年占婆首都东阳的历史

东阳馆内主要收藏了当年作为占婆王国首都东阳的文物,这里的藏品主要包括很多石雕人像,这些人像表情相当夸张,其中最大的一座高2米多,丰唇大鼻,脚踏一头大熊,表情狰狞可怖,据推测是古代类似于中国门神的一种造像,可以保佑家宅平安。

看点 03 茶荞馆
记载狮城曾经盛极一时的历史

茶荞就是占婆古文献中所记载的狮城,早在10世纪时这里就盛极一时,是占婆文化黄金时期的代表。在茶荞馆内陈列着一尊黑天林迦,这就是在《摩诃婆罗多》中所记载的毗湿奴的化身,它的底座上描绘着黑天的各种事迹,很是精美。它连同一尊栩栩如生的湿婆像并列为这里的镇馆之宝。

看点 04 平定馆
显现了占婆自盛而衰的过程

平定是占婆王国历史上的重要时期,它代表了占婆由盛而衰的过程,这时候的艺术也趋向形式化,缺乏原创性。比如馆内收藏的马卡拉神兽塑像和迦楼罗像,这些塑像细节处相当精细,而且吸收了爪哇等地的艺术风格,有很高的艺术价值。

04 五行山
五座风格各异的山峰 赏

TIPS
📍 Ngu Hanh Son，Đà Nẵng　💰 10000越南盾
⭐★★★★

　　五行山位于岘港市区东南十公里处，据说本来是五座小岛，但由于泥沙的积聚而与陆地相连起来，经过多年的变迁成了陆地上的山。在海边平坦的沙滩上，水、木、火、金、土五座山峰拔地而起，气势雄伟。人们根据中国传统的金、木、水、火、土五行为这些山峰命名。五行山中以最高海拔108米的水峰景色最为优美，经过了人工改造，更加具有诗情画意。在山间拥有不少幽深神奇的洞窟和庄严神圣的古寺，洞窟安置有佛像，寺内供奉多尊菩萨、罗汉塑像，常有信徒前来膜拜，俨然一个神佛居住的圣地。山上还有通天路和入地路，通天路可以把游客引向山顶，入地路则把人们一直引到山脚下的海滨。此外五行山还盛产很多漂亮的玉石，石料色彩多样，火山、金山的石头呈水墨色和碧绿色，水山、木山的石头呈白色和橙黄色，当地的石雕工艺也相当发达，山下有很多玉石纪念品店，游客可以在这里买到各种石雕工艺品作纪念。

畅游越南　岘港

05 海云关 赏
越南第一天险

TIPS

 Huyền Trân Công Chúa, Hòa Hải, Ngũ Hành Sơn, Đà Nẵng ⊙15000越南盾 ★★★★

　　海云关位于岘港北面30公里的海边，是越南主要山脉长山支脉海云岭上的险要关口。长山山脉在这里直逼大海，将沿海平原在此切断，成为越南中部的天险。因岭上经常白云缭绕，与蓝天沧海浑如一体，故名海云岭。19世纪上半叶阮朝明命年间，这里修了数十公里的盘山公路，并在岭上前后筑起了关门，前关门上刻有"海云关"三个大字，后关门上题有"天下第一雄关"六个大字。这里向来是兵家必争之地，从古到今也不知道经历过多少次战争的洗礼，在对抗法国殖民者和美国侵略者的战争中也发挥过重要的作用。现在到了山顶还能看到越南军所建的碉堡，往北望就是郎姑滩，往南望就是岘港全景，往西望就是重重叠叠的山林，往东看阳光下波光粼粼的大海茫茫无际。难怪岘港会被美国《国家地理》杂志列为"一生中必去的50个地方"之一，就像当地人所说的那样："上一次海云峰，就等于上一次天堂。"

06 巴拿山
岘港的避暑胜地 赏

TIPS
📍 Hòa Ninh, Hòa Vang, Đà Nẵng　💰 40000越南盾
🚌 从岘港市区乘专线旅游车前往　★★★★

巴拿山在岘港市以西约四十公里处，海拔1487米，山上的平均气温比山下低8℃左右，是岘港的避暑胜地。据介绍，1901年法国殖民者首先发现了这片乐土，于是他们把这里作为将军和家眷们的度假胜地。第一次世界大战期间，法国士兵和家属无法回国，便大规模地在此修建各类建筑，当时从西贡、顺化和河内来的法国将军们纷纷在山上修建自己的别墅，到1940年已具备相当规模，共建有200多栋别墅，酒店、餐厅、医院、警察局、歌剧院、照相馆和体育馆等一应俱全，但在"二战"中大部分建筑都被战火摧毁。如今巴拿山上已修建了BUNGALOW旅馆、别野山庄等设施，还开通了世界上最长、落差最大的独线缆车，5000多米的长度创下了世界吉尼斯纪录。其封闭式车厢安全舒适，壮美山色尽收眼底。目前山顶还修建有大型游乐场，号称越南版的迪士尼乐园。坐落其间的灵应寺，则是中西建筑文化艺术的荟萃之地，也十分值得一游。

VIETNAM GUIDE

Vietnam

畅游越南
⑤

会　安

　　会安是坐落在守崩河（Thu Bon River）边的一个越南古镇，早在17世纪就成为了国际贸易港，中国、日本和欧洲的文化在这里完美交融，留下了许多历史悠久、特色鲜明的古建筑。后来由于淤泥导致河道越来越窄，港口渐渐荒废，会安也就因祸得福完整地保留了下来。目前会安已成为亚洲第二受游客欢迎的旅游城市，仅次于日本京都，每年都有越来越多的游客纷纷慕名而来。

01 会安古城
东南亚最古老的历史文化遗迹之一

 逛

TIPS

 Hoi An Old Town，Hoi An　通票为75000越南盾，可自选参观5个景点，包括一场传统舞蹈表演，也可以在各个景点单独买票　★★★★★

　　在占婆王国时期，会安曾是一座港口，发展到16世纪已经演变成东南亚最重要的一个贸易交流中心，云集了荷兰、西班牙、中国、日本等国家的商人，留下了许多颇具特色的各国古迹。18世纪，由于越南国王们长期而激烈的权力之争约束了发展，会安几乎废弃，港口也逐渐淤塞，如今所见的会安古城得以完整地保留了下来。整座会安古城按中国不同地区种族划分为五个区，有福建会馆、广肇会馆、潮州会馆、琼府会馆和作为五帮会馆之首的中华会馆。会馆里分别供奉着妈祖、关公、伏波将军等，终年香烟缭绕。漫步在古城大街上，各种结合了中、日、越风格的木造老宅尤其吸引人们的眼球，体现了各国文化与建筑风格的融合，反映了会安曾经辉煌的历史。每当夜幕降临，灯笼又成为古城的一大特色，把整个古镇辉映得美丽无比。如今会安古城已被列入世界文化遗产保护名录，成为东南亚最古老的历史文化遗迹之一。

看点 01 中华会馆
会安最早的华人会馆

作为五帮会馆之首的中华会馆是会安建立最早的华人会馆。相传建于明朝成化年间，是由福建、广东、海南、潮州和客家人合资兴建，作为当地华人的共同会馆，肩负起继承和发展中华文化的重任。会馆建筑雄伟壮丽，金碧辉煌，保持着传统的中华建筑风貌。会馆的院子里有两排盆景，门边两个最高的花盆上分别写着"公有、公治、公享"和"民族、民权、民生"。两边厢房白墙绿窗十分清新，其中一座小房的白墙上写着红色醒目的"礼义廉耻"。正面是红色的"天后宫"，里面供奉着天后妈祖，两边分别供奉有观音菩萨和财帛星君。

看点 02 福建会馆
福建移民在越南历史的见证

福建会馆又名金山寺，建于1697年，最初是在会安居住的福建侨民们修建的族群集会场所，之后被改建成为妈祖庙。如今是会安规模较大的一座华人会馆，有着高大的前门与中门，双层牌楼上有很多雕刻，上层写着"金山寺"，下层写着"福建会馆"。会馆内供奉着妈祖，两侧分别是千里眼和顺风耳，还有一艘木造古帆船模型。天井中摆放着盆景，盛开着鲜花，其中还有座镶瓷的水池，里面的鲤鱼象征着鱼跃龙门，陪衬着龙、麒麟、凤凰等中国吉祥的象征。其工艺精致的壁饰和雕像极具中国特色，色彩丰富的装饰和保存良好的神像使这座会馆备受瞩目。

看点 03	**广肇会馆**
	广东特色的会馆

在会安古城的五个中国会馆中,要数广肇会馆大门的四根龙纹雕柱最为醒目。这个会馆是由广东肇庆的商人在1885年成立的,其建筑的许多小部件是在中国完成制造后再运到这里拼建而成的。会馆内除了一个龙的陶器,还有羊群雕塑等许多地方元素,反映了广东地区的特色文化。

看点 04	**陈氏宗祠**
	中国华侨后裔所建的祠堂

陈氏祠堂建于1802年,是当地的华侨后裔陈思乐所建,陈思乐本人在阮朝时期曾经通过了科举考试,当上了政府官员,并得以出使中国。早年建造的目的是为了敬拜自己的祖先,在祠堂前半部分供奉着祖先的牌位,后半部分则是家族成员的居所。大厅里共设计了三扇门,左门留给男人,右门留给女人,而中间的门则留给祖先,只有在春节等传统节日的时候才会打开。祠堂建筑以中式风格为主,很多细节部分还能看出不少日式特色。如今依然沿袭着过去的陈设,黑漆的楼梯、蓝布的门帘等透着浓郁的中国风韵,让人觉得十分亲切。

看点 05	**琼府会馆**
	祭祀108位琼侨先人的会馆

琼府会馆由当地海南籍华裔建于1875年。这里最值得一提的当属在正殿中供奉的108座牌位,祭祀着108位琼侨先人。据记载这些人于1851年夏天前往顺化一带做生意的途中被越南官兵杀害并夺取钱财,之后相传这108位先人常常保佑那些出海的人,于是就在这座会馆里设立了牌位祭祀他们,当地华裔商人尊他们为海上的保护神。这里还供奉着昭应公等海南传统的神祇,也很值得一观。

看点 06	**川布街103号老屋**
	美丽的会安老屋

位于会安古城川布街(Tran Phu)的103号老屋外观古朴,老屋木质的前门与百叶窗都是雕工精美,内部现今被辟为商店,除了出售各种做工精美的旅游观光纪念品外,还有当地妇女在这里现场制作丝绸灯笼,感兴趣的游客可以购买一些特色手工艺品留作纪念。

畅游越南 — 会安

02 日本廊桥
会安唯一的古桥

赏

TIPS

Trần Hưng Đạo, Sơn Phong, tp. Hội An, Quảng Nam,
★★★★★

在会安城中有一座日本廊桥，又名来远桥或寺桥。桥最初是由日本人建于1593年，造型独特，石造的桥身上另盖有木造屋顶，中央供人通行。桥身北侧还设有神庙，神庙前有"来远桥"的匾额，据说是1719年皇帝来访时所赐，因为在会安贸易繁盛之时，船只可直行到此，这个名字有欢迎远道来访客人的意思。桥的设计精巧，结合了桥与寺的作用，内部装饰也很细致，可以说是日式建筑的精品。桥的两端分别立着猴和狗的雕塑，相传是因为这座桥是在猴年开始动工，在狗年修建完成的。后经华人重新翻修，现在已经成为会安的地标性建筑。这里也会经常利用桥内的空间举办一些艺术展览，成为当地一处颇有特色的艺廊。夜晚华灯初上，灯笼照亮了廊桥，也映红了河面，比白天更有味道。

03 冯兴古宅
拥有200多年历史的老屋

赏

TIPS

📍 143 Trần Phú, tp. Hội An ★★★★★

冯兴古宅可以说是会安历史最悠久的古建筑之一，距今已经有两百多年历史。自1730年这个家族从顺化移居来此至今已经居住了八个世代的子孙传人。这座古宅因为建于河边，为了防水使用了上等的木料建造，所以至今依然保存完好。古宅具有三种建筑风格，屋顶使用了日式的交叉柱风格，上面的窗户则是标准的中式通风窗，其余部分是越南风格，包括开放式的回廊等等。同时为了在水灾时方便行动，二楼地板上还开有活动门，以便到时候船只可以直接进入住宅。此外，古宅内到处都能看到精美的雕刻装饰，内容大多是拥有喜庆含义的图案，其中要数阳台屋檐的木雕双鱼最有特色，在中国代表"年年有余"，在日本代表权力，而在越南则为幸运之意。

04 历史文化博物馆

看会安古老历史的传承 赏

会安地区历史悠久，人杰地灵，历史上曾经十分繁荣。这里的历史大致可以分为三个阶段，即原始时期、占族时期和大越时期。历史文化博物馆开在古城东面建于1653的观音庙里，这里按照这三个历史时期展出了会安各个历史阶段的老照片、地图、不同材料制成的雕塑、瓷器等文物和资料。虽然藏品不多但依然可以将会安大致的历史风貌展现出来。建议游客可以首先到这里了解一下，以便能够更好地参观其他几个博物馆。

TIPS

 7 Nguyen Hue St,Hoi An ★★★★

05 陶瓷贸易博物馆
陶瓷艺术品宝库

Mảnh nắp nổi có núm - Lò Thanh Hà
Việt Nam / Viet Nam

会安是13～19世纪海上丝绸之路的重要枢纽，而陶瓷更是东西方交易的重头。作为曾经的贸易港口，各国的古老文物在会安得到较为完整的保存，尤其是以陶器为主的古物。在会安的考古遗迹中曾经发现过不少产自中国、日本、泰国等地的陶瓷器。如今的这座陶瓷贸易博物馆就是为了展示会安漫长的陶瓷贸易历史而建的，这里一共展示了430多件各国的陶瓷制品，年代大多位于13～17世纪，上面的图案和色彩都颇具各国的特色，中国的青花瓷、日本的黑瓷、泰国的青瓷等应有尽有，堪称是一座陶瓷艺术品宝库。

TIPS
80 Tran Phu St.,Hoi An ★★★★

06 沙黄文化博物馆
越南为数不多的沙黄文化博物馆

沙黄文化是越南最古老的人类文明遗迹之一，兴起于公元前1世纪左右。沙黄人善于制造铁器，由此推测沙黄文化可能是后来占婆文化的前身。在这座专门展示沙黄文化的博物馆里，陈列了不少当时使用的陪葬用品，不过其中很多都并不是原产自越南，比如很多用水晶、锆石等制作的串珠项链，或是汉朝的铜镜等物品，反映了当时越南和中国等国家发达的海上贸易。此外，这座博物馆的二楼是革命博物馆，展示了不少越南革命时期所使用的武器等，也颇有看头。

TIPS

149 Tran Phu St.,Hoi An ★★★★

07 福清寺
会安最古老的寺庙之一

福清寺是会安最古老的寺庙之一，尤其是寺内的福清塔更是有五百多年的历史。这座宝塔里至今依然保存了很多当年所使用的法器和用品，包括两百多年前的石锣以及更古老的鲤鱼形状的木锣等等，从另一个侧面反映了会安这座城市悠久的人文历史。

TIPS

Khu Vực 7, Phường Tân An, Thành Phố Hội An ★★★★

08 关帝庙
商人们的信誉中心

TIPS

📍 168 Trần Phú, tp. Hội An ★★★★

关帝庙也称老爷寺，似乎有华人的地方都会修建关帝庙来保佑一方平安。会安的关帝庙由当地华裔商人建于1653年，除了供奉中国人信仰的关帝爷外，当时的商人们进行各种交易定约也都会在这里完成，取的就是关帝爷注重信誉、义薄云天的精神，一旦在这里定下契约，便不得反悔。这座建筑总体呈国字形，屋顶上盖有青龙琉璃筒瓦，还用精美的脊兽作为装饰，并镶嵌有各色陶瓷瓦片，显得金碧辉煌。内部则主要分为前厅、天井和正殿三个部分，院子四周的屋顶上有鲤鱼状的喷水嘴，正殿中供奉有关帝爷的塑像和牌位。如今的关帝庙归当地的潮州华人管理，需要注意的是，在登上关公殿前的平台前需要脱掉鞋子。

畅游越南 | 会安

09 新奇屋

保护完好的私人住宅

TIPS

📍 Bạch Đằng, tp. Hội An, Quảng Nam
⭐ ★★★★

　　新奇屋(Tan Ky House)又名黎氏宗祠，是清代的一位黎姓商贾迁至越南后建造的一座私人住宅，从19世纪至今已有两百多年的历史，精心保存至今都没有发生任何大的变化。其建筑以棕褐色调为主，完整地保留了客厅、庭院和卧室的格局。室内木雕和贝雕极多，其结合了中式横梁、日式屋顶以及越式的交叉阴影三种风格的建筑在会安甚至越南都可以说是独一无二，是会安集各国建筑精髓的体现。在经历了两百多年的风雨后，房屋现在的主人已经是住在这里的第七代子孙了，主人可以用英语进行讲解和导游。

10 古岱海滩
著名的海滨胜地 【玩】

TIPS
- Âu Cơ, tp. Hội An, Quảng Nam
- 从会安古城乘出租车可达 ★★★★

位于会安古镇东面的古岱海滩往北一直延伸到岘港的山茶半岛,长达30公里,是会安附近最著名的海滨娱乐胜地。这里距离会安市区约5公里,环境优越,没有遭受过污染,海水纯净而清澈,沙滩上也是一片自然和谐的景象,每年的4月至10月水质较好,白色细沙和湛蓝的海水吸引了很多游客在此享受日光浴,漫步在沙滩上也显得相当有情调。如今在海滩上还开发了不少高档度假酒店,游客可以选择适合自己的一家入住,享受宁静的私人沙滩,在进行海滨娱乐的同时还能享受到优质的服务,可谓一举两得。

11 美山遗址
越南的吴哥窟 【赏】

TIPS
- Duy Phú, Duy Xuyên, Quảng Nam
- 60000越南盾
- 从会安乘旅游团专车可达 ★★★★★

被称为"越南的吴哥窟"的美山位于会安以西40公里处,是越南规模最大的古占婆国宗教遗址。历史上占婆王朝在越南乃至整个东南亚都曾占据着非常重要的地位。据记载,早在4世纪,占族人就在此建立了印度教寺后,随后的各个世纪不断扩建,这里逐渐成为占婆国的宗教圣地,是东南亚所有圣地中存在时间最长的一个,直到17世纪末占婆国被越南的阮氏王朝所灭,圣地才逐渐荒废。不幸的是,在抗法、抗美两场战争中,这个历史遗址遭受了严重的破坏。从1980年起经过十多年的加固和修理,这个占族艺术遗产部分才恢复了原貌,使人们可以从这些残垣断壁中体会到当时占族建筑艺术的精华。虽然整个圣地略显破败,但还是能看出雕刻艺术的精美,表现歌舞场面的石雕连环画、多臂神、祭坛、神兽和各种动物等形形色色的石雕十分生动。没有使用任何黏合剂的砖瓦建筑技术和没有拱梁的屋顶结构也让人赞叹,实为一个奇迹。

133

VIETNAM GUIDE

Vietnam

畅游越南 ❻

芽 庄

　　位于越南南部海岸线最东端的芽庄是越南众多滨海城市当中一个较为僻静的海边小城市，早在越战时期，美军便将这里作为度假胜地。芽庄拥有越南最好的海滩，绵延数公里的白色沙滩一望无际，周边海域还有各具特色的小岛，清澈的海水、海底千姿百态的珊瑚、色彩斑斓且种类繁多的鱼类一起构成了越南著名的潜水、海鲜胜地。与开发火热的下龙湾相比较，芽庄的恬静内敛渐渐受到更多外国游客的关注。

01 芽庄大教堂 赏

高大的哥特式教堂

TIPS

 Nha Trang Cathedral, Nha Trang ☐ 从芽庄火车站步行可到 ★★★★

位于芽庄市中心几条主路交叉口处的芽庄大教堂是芽庄的名景之一。它建于1928—1933年法国殖民者统治时期，是一座典型的哥特式教堂。其高大的钟楼气势恢宏、引人注目，灰褐色的砖墙则给这里带来了庄严肃穆的气息，墙体的雕花石刻和内部五彩雕花窗又不失别致，遇上晴天，屋外的阳光透过窗户，教堂俨然变成一座色彩斑斓的宫殿。尖塔屋檐下的墙壁上镶嵌着四面时钟，曾是当地人用于对时的工具。教堂的内部空旷宽敞，柔和的阳光从一扇扇彩窗中照射下来，给人以温暖的感觉。位于祭坛上的巨大十字架造型精美，两侧还悬挂着精美的壁画。如今教堂每天早晚都会举行弥撒活动，常能在门外听见诵经声或唱诗班美如天籁的歌声。

02 龙山寺
芽庄第一古寺

赏

TIPS
🏠 Phat Hoc, Phương Sơn, Nha Trang, Khanh Hoa province 🚌 从芽庄市区乘汽车或摩托车可达 ★★★★★

建于19世纪末期的龙山寺是芽庄著名的宗教建筑之一，也是当地著名的旅游景点。这座寺庙与越南的其他许多寺庙一样明显受到中国古代建筑风格的影响，有飞檐斗拱、雕梁画栋等特色，寺内的汉字门联、龙纹雕柱等元素有着强烈的中国气息。寺院里的墙壁上则雕刻着精美壁画，都取材于佛教典籍。此外寺内最著名的景点当属那座位于寺庙后山上的白色大佛，爬过150级台阶就可以来到大佛脚下。这尊巨佛高达24米，在芽庄市区内的任何地方都能看到它，已经成为这个城市的标志。这尊通体洁白的释迦牟尼像安坐于莲花之上，脸部表情安详宁静，仿佛在俯视着众生的欢乐与烦扰。游客登上露台还可以俯瞰整个芽庄的城市景观。如今还有很多僧侣在这里修行，寺庙里常常挤满前来清修拜佛的信徒，如果赶上正在参拜的仪式，席地而坐虔诚礼佛的场景多少会让人内心平静下来。

畅游越南 | 芽庄

137

03 婆那加占婆塔 赏
造型精美的印度教庙宇

TIPS
📍 2 thang 4 Rd, Nha Trang, Khanh Hoa province
💰 4500越南盾　★★★★

位于芽庄北部地处开河出海口的婆那加占婆塔是一座修建于7—12世纪的印度教庙宇。这个典型的印度教建筑里供奉着女神婆那加（Po Nagar），相传Po Nagar是庇佑占婆王国南部的一位女神，保护着周边的渔民免受海风海浪的袭击，相当于中国渔民心目中的妈祖。这里原本有八座大型宝塔，如今因为战火、风化等原因仅剩下四座，不过依然气势十足。里面的建筑大多都是金字塔造型屋顶、拱形的大门，是典型的占婆古建筑的特色。其中最北的一座宝塔门口还有一处精美的湿婆浮雕，是少数保存下来的浮雕精品之一。在塔群旁边还有一处小型展示厅，展出了象神Ganesh等雕塑。如今这里不仅仅是个旅游景点，当地的许多越南人和华人依旧会来这里参拜和祈祷。从其所在的小山上往下看还能欣赏到碧蓝的海港景色，值得一游。

04 芽庄海滩

景色秀美的海滨浴场

TIPS

📍 Main Promenade, Nha Trang　🚶 从芽庄市区步行可到　⭐ ★★★★

芽庄海滩蜿蜒在芽庄城的东面,海岸线长达六公里,是当地最有名的海滨休闲胜地。每年的6月至10月是游玩芽庄海滩的最佳时间,来自世界各地的游客们都会来到这里享受海边的浪漫风情,欣赏秀美的自然景观。这里的沙滩柔软,光照充足,成排的椰林下是享受日光浴和进行各种海滩运动的好地方,偶尔还可以看到挑着担子的老婆婆兜售着小吃或水果。黄昏时分,游人们可以漫步在海滩上,一边欣赏壮丽的落日余晖,一边前去寻找各种风味美食。此外海滩附近还有很多小岛,游客们可以一早乘渔船出海,登陆颇具特色的小岛,体验当地的渔家风情。

畅游越南 芽庄

05 芽庄四岛游

芽庄的必玩项目

TIPS

 芽庄北部海域 ★★★★

　　芽庄附近海域岛屿众多，当地许多旅行社都开发了特色的四岛游项目，就是在一天的时间内游览周边四个各具特色的岛屿，报价一般6~9美元，包含酒店巴士来回接送、船资、导游、一顿海上午饭、水果、葡萄酒和免费的浮潜，十分划算，成为许多游客来到芽庄的首选。每天清晨有专车到酒店迎接游客上游船出发，启程到达第一个岛——妙岛（Hon Mieu），岛上有一个沉船造型的小型水族馆，需要自理门票20000越南盾，可以在这里观赏到许多珍稀海洋生物。第二个岛是越南首个也是最大的海洋生物保护区——乌岛（Mun Island），这是一个没有海滩的珊瑚礁岛，游客们可以在这里潜水观看各色各样的珊瑚，与色彩斑斓的珊瑚和热带鱼们来个亲密接触。第三个岛是第一岛（Mot Island），游客们将在这里享用午餐，午餐过后还有船员表演节目，可以一起在船上开一个海上红酒PARTY，尽情歌舞。第四个岛银岛（Tam Island）是一个四星级度假胜地，游客们可以在这里游泳，或是躺在海边沙滩的椅子上晒太阳，此外还有帆板、海上降落伞等海上运动项目可供选择，一天下来十分过瘾。

06 珍珠岛
芽庄迪士尼乐园

TIPS
- Hon Tre island, Vinh Nguyen, Nha Trang
- 450000越南盾
- 从芽庄Phu Quy Tourism旅游码头乘缆车登岛
- ★★★★

有着芽庄迪士尼之称的珍珠岛位于芽庄最大的岛屿——竹岛（Hon Tre）上面，与芽庄城区隔海相望。岛上设有六星级酒店、水上乐园、水族馆、电子游戏厅、商业街、美食村、高尔夫球场、亚洲最大室外泳池等休闲度假设施与一个超级美的海滩。游乐项目十分丰富，包括过山车、海盗船、4D电影、速滑车等，每晚还有水幕激光秀震撼上演。市区与岛屿之间有免费的接驳快艇与游船，也可选择搭乘全长3320米的Vinpearl Cable Car缆车跨海登岛，全程只需7~12分钟。从空中俯视壮阔的大海也是另一番特别的感受。如果游客入住岛上的酒店，除了三餐自助餐全包之外，游乐项目、索道也全部免费，十分划算。可以尽情享受阳光、沙滩、美食，体验马尔代夫般的一岛一世界水上生活！

141

07 钟屿石岬角
芽庄少有的花岗岩海岸

TIPS
Hon Chong Promontory, Nha Trang ★★★★

钟屿石岬角是芽庄以北1.8公里处的一座小小的岬岛，岬角挨着一处质朴的沙滩海湾，这里是芽庄少有的花岗岩海岸，有许多巨大的花岗岩海角直指大海，远眺像是一个躺着的女人。这里既有惊涛拍岸的壮观，也有日出日落时的宁静，退潮后还可以在留下恐龙足迹的岩石上拍照留念。看过法国电影《情人》的人一定不会忘记电影中那美得令人窒息的海滩，钟屿石岬角正是此部电影的外景拍摄地之一。如今这附近还开设了一些露天咖啡馆，伴着柔柔的海风、细软的沙滩，一杯咖啡配上夕阳，时间都仿佛在这里停止。

08 芽庄国家海洋博物馆
海洋生物标本大仓库

TIPS
Trần Phú, Vĩnh Nguyên, tp. Nha Trang, Khánh Hoà　乘市内4路公交车可达　30000越南盾　★★★★

芽庄国家海洋博物馆坐落于中心城区以南6公里的一处法国殖民时代的建筑内，虽然芽庄周边有很多海洋博物馆，但是只有这里才能看到众多珍稀的物种。这里面不仅展示了许多有关海洋学的各种知识和主题邮票，还收藏了几千种浸泡在盐水里色彩斑斓的海洋生物标本，阳光透过那些瓶瓶罐罐，给人一种奇异的美，如同一个奇异的标本大仓库。此外离售票厅不远处的展示区更有狮子鱼、鲨、海马、小丑鱼、海龟等海洋生物在四处游动，游客们可以近距离地观赏和拍照。如今这里每年都会吸引众多国内外的游客前来，尤其是孩子们看到一定会欣喜不已。

09 Thap Ba温泉中心

玩泥巴的好地方

TIPS
- Vĩnh Phước, tp. Nha Trang, Khánh Hoà
- 58-3835335
- 60000越南盾
- 市内可包车前往
- ★★★★

位于芽庄以北6公里处的Thap Ba温泉中心以其独特的泥浆浴而远近闻名，是芽庄的又一大旅游特色。泥浆浴也叫热矿泥浴，是用泥类物质以其本身固有温度或加热后作为介体，敷在人体某些部位上，将热传至肌体，这种泥浆中蕴含的多种有益矿物质通过热疗模式对人体起到健身防病的作用。其门票每人60000越南盾，就包括了游泳、泥浆浴和泡温泉三个项目。此外还有单独收费的SPA和按摩项目，价格不贵，手法却相当不错。这里大大小小的泥浆池错落有致地散布在一面隐蔽的山坡上，服务生往干净的池子内灌进半池深的泥浆就可以开始泡了，虽然看起来脏脏的，但洗完后却会让皮肤变得白嫩细滑，把泥浆冲干净后再泡个温泉，实在是惬意十足。

畅游越南 — 芽庄

VIETNAM GUIDE

畅游越南 ⑦
Vietnam

大 叻

　　平均海拔1405米的大叻是越南海拔最高的城市。这里一年四季如春，城市周边多松林、湖泊、瀑布，自然风光非常难得。自从1893年一位法国医生发现了这个美丽如画的城市，并建立了第一座疗养院后，这里就成为了法国人最钟爱的度假胜地。因为地处山岭之间，交通闭塞，所以成功躲过了数次战争，环境保护得非常好。如今这里依然到处都能见到独特的法式建筑，仿佛一个位于阿尔卑斯山边的欧洲山城，所以也有"小巴黎"的美称。

01 春香湖
市中心的秀美湖泊

TIPS

📍 tp. Đà Lạt, Lâm Đồng ⭐ ★ ★ ★ ★

　　位于大叻市中心的春香湖是一个形状酷似越南版图的人工湖，建于1919年，为了纪念越南著名女诗人胡春香而将它命名为"春香湖"。如今是大叻最著名的水上景区，围湖一周除了有常年成荫的绿树，还有大叻花园、高尔夫球场、大叻教堂等地标建筑和景点。天鹅在清澈的湖水上觅食，游船和划艇在湖面上悠闲地划行，一派悠然、宁静的景象，是游乐纳凉的好地方。漫步在春香湖畔可以看到在水中巡游的鱼儿，游人可以坐在湖边太阳伞下品一杯香浓的咖啡，也可踩着水上单车在湖面上玩耍，还能在湖边悠然垂钓。每到夕阳西下之时，湖面上倒映的美景更是令人心动不已。

02 大叻花园

市中心的花园

TIPS

🌐 Tran Nhan Tong，春香湖的西北角　💰 20000越南盾

⭐ ★★★★

　　四季如春的大叻气候温和，一直是一座秀美的园林城市，被誉为高原上的花园。其具有代表性的大叻花园建于1966年，位于城市的心脏地带，面积约7000平方米的园内种植着几百种五彩斑斓的花。其中不仅有东南亚的代表性植物，也不乏来自世界各地的奇花异木。这些花的花期各不相同，有些花一年可以开好几次，所以无论在什么季节，园区内都可观赏到美丽的植物群，一只只蝴蝶在花丛中翩翩起舞，将附近那些欧式风格的建筑装点得美轮美奂，极具浪漫风情，简直就是一个花的海洋。大饱眼福后游客们还可以在花园里购买美丽的花束，装点自己缤纷的旅途。

03 大叻天主教堂 赏
童话般的教堂

建成于1942年的大叻天主教堂是大叻的名景之一，位于城中央的半山上。它的造型典雅大方，不同于一般那种双顶构造的天主教堂，采用了独特的单顶设计，高大的尖塔是它最醒目的标志，因此很容易让人过目不忘。此外还一反哥特式建筑那凝重略显阴森的传统风格，整个建筑都由明快的红色砖石砌筑而成，虽饱经风吹雨打，但容颜依旧靓丽，童话般的教堂让人感觉仿佛置身于中世纪的欧洲。教堂墙壁上有着高大彩窗，柔和的阳光从那里照射进来，营造出安宁祥和的氛围。此外在教堂后还可以俯瞰大叻一角，整个小镇全是五颜六色的房子，排列得错落有致，美得无法形容。

TIPS
📍 15 Trần Phú, Phường 3, Da Lat ★ ★ ★ ★

04 大叻电视塔 赏
被誉为"小巴黎铁塔"

TIPS
📍 春香湖畔 ★ ★ ★ ★

大叻的建城历史虽然不长，却被众多传统的法式建筑装点得美轮美奂，高大的电视塔就是这座小城建筑的代表作之一。因在法国全盛时大叻曾被称为越南的"小巴黎"，所以当地政府在1977年仿造埃菲尔铁塔建造了一座红白相间的电视塔，变成了如今这个小城的地标性建筑。铁塔有着优美的身形，与周围的古老房屋形成鲜明的对比之美。每到夜幕降临的时候，电视塔就会亮起耀眼的光芒，给这座宁静的小城增添了几分浪漫的气息。游人们还可以登上电视塔的观光层来俯瞰大叻的城市美景，瞭望周边的山林和田园风光。

05 大叻火车站 赏
欧陆风情的火车站

TIPS
 Phường 10, tp. Đà Lạt, Lâm Đồng ★★★★★

　　火车站是大叻的标志性建筑之一，它是20世纪初由法国殖民者所建的，于1938年正式启用，后在越南战争的战争后期被废弃，直到20世纪90年代才又重新开始使用。其设计采用了Art Deco（装饰派艺术）建筑风格，整栋建筑体现了高、尖的特点，主要采用橘红色和黄色的搭配，并在屋顶部分融入了越南中部高地的少数民族曹阮建筑物的特点，三个屋顶分别代表了大叻的三座标志性山峰，每个屋顶上的彩纹雕窗也为人津津乐道，无不展现着异域情怀，被誉为越南最美的火车站。火车站内至今仍保留着几节复古车厢和蒸汽火车头供游客参观和拍照，每天还有5趟车往返Trai Mat小镇，路线全长7公里，独特的窄轨铁路吸引了众多喜欢怀旧的游客，沿途还能欣赏大叻的景色，成为了一个特别的旅游项目。

06 浪平山 赏
景色秀美的徒步之选

TIPS
 大叻西北12公里　5000越南盾
★★★★

　　浪平山是大叻著名的山林景区，这里拥有五座海拔在2100米到2400米之间的山峰，秀美的山峰一直保持着原始风貌，山体挺拔，林木葱茏，还有野生动物在其间出没。要到达游览区可以从山下的Lat村出发徒步前往，沿途风光非常美丽，各种法式小屋、教堂点缀山间，随处可见牛、马懒洋洋地在牧场上吃草。登上山顶又是另一番壮美的景色，山下的湖泊、房子都尽收眼底，大叻的远景也在云中变幻莫测，犹如仙境。此外，山下的Lat村包括9个小部落，其居民皆为少数民族部落，在那里可以欣赏风情无限的当地民族舞蹈，还能品尝各种美味的食物，感受越南少数民族风情。

畅游越南 · 大叻

149

07 灵福寺 赏

越南寺庙建筑中的精品

TIPS

- 120 Tự Phước Thành Phố Đà Lạt, Lâm Đồng
- 63- 3825410
- 从大叻火车站乘到Trai Mat小镇的火车可达
- ★★★★★

作为佛教兴盛的古国中的历史名城，大叻自然也有很多古寺，灵福寺是其中最著名的一座。这座寺庙四周的环境清幽，高约七层的古寺建筑造型精美典雅，运用了很多中国元素，整座寺庙被难以计数的龙造型装饰得典雅华丽，色彩艳丽，显得十分高调。寺庙前的龙柱、庙墙上的龙雕、庙窗上的龙饰、庙门楣上方的龙对，无不用彩陶和彩玻璃碎片拼贴、镶嵌而成，远远看去就像一件巨大的镂空雕刻工艺品，堪称越南寺庙建筑中的精品。另外寺里还有一个干花堆砌出来的巨大观音菩萨，至今保持着吉尼斯世界纪录。

08 大叻市场
大叻特色集市

逛

TIPS
Central，Dalat ★★★★★

大叻市场是当地著名的集市之一，因为当地没有大型的购物商场，所以大叻人的日常所需基本都可以在大叻市场里购买到。市场由几个多层建筑组成，里面有一千多家店铺，周围还有相连的露天市场。这里不仅有很多当地山区的特产和农产品出售，还可以发现很多具有地方特色的手工艺品，此外各类蔬菜、水果、杂货琳琅满目，让人眼花缭乱。市场的另一大特色就是这里售卖当地的鲜花，品种繁多堪称花园。入夜后的大叻市场更加精彩，各种路边摊都开始纷纷出现，特色小吃味道自然是很棒。来到大叻这里值得一逛，可以感受平静真实的越南小城生活。

09 情人谷

充满浪漫气息的景区 赏

TIPS

Valley Of Love，Da Lat　20000越南盾　★★★★

　　情人谷原名和平谷，因20世纪70年代众多学生热衷于到这里来露营谈恋爱而更名。如今这里已成为大叻著名的景区，这里景色秀美，有着幽静的氛围，满目都是绿地、花草，造型典雅的欧式建筑掩映在林木之中，还有欢乐的旋转木马，到处充满着浪漫的气息。谷中的座椅、雕塑也都是由男女情侣的造型设计而成，让人感觉美好而甜蜜。谷内还有一个重要的景点就是一碧如洗的叹息湖，游人们可以乘坐小船泛舟湖上，将身心融入到这秀美的山光水色之中，也可以在湖边漫步，欣赏周围的诸般美景。此外游客还可以骑马游览整个景区，随处可以看到很多原住民打扮的牛仔男女进行着精彩的表演，如同置身一个梦幻的游乐场。

看点 * 叹息湖
流传着动人传说的湖泊

叹息湖有着美丽的自然风光，它是以一个凄婉动人的爱情故事而得名的。据说在很久之前，有一对年轻人相互爱慕，但是双方的家族相互对立，最后这对有情人在此殉情自杀，据说湖边仍留有当时的印记。湖边的山光水色秀丽无比，葱茏的林木间有可爱的野生动物的身影，来到这里的游客都会为它的迷人之处所吸引。叹息湖的湖水湛蓝，倒映着蓝天白云，并与周围的景色相互衬托，能让人心旷神怡，忘却掉一切烦恼忧愁。

10 保大3号避暑行宫 赏
保大国王的避暑之地

建于1933年的保大避暑行宫是曾经越南末代国王保大的避暑之地，这是一组充满浪漫风情的法式建筑群，黄色调的房子和花园与大叻城显得相得益彰。行宫周围是美丽的园林，虽然外表并不起眼，但内部装饰极尽奢华。现在只有3号宫殿对外开放，各个宴会厅、卧室、厨房、餐厅的装饰设计现代而豪华，各种室内设备，包括家具和床上用品等都被完整地保存了下来，房屋内的装饰和物品摆设还一直保持原样，还展出了一些保大使用过的书籍、茶具等，许多精美的艺术品都令人赞叹不已。在一楼的一个大厅里，游客们还可以穿上皇帝或后妃的礼服拍照纪念。此外保大避暑行宫的视野良好，可以纵览周边地区的美好风光。

TIPS
大叻市中心西南1公里处的D Le Hong Phong路　15000越南盾　★★★★★

11 疯狂屋
世界上最奇特的建筑之一

疯狂屋是由一位越南的女建筑师设计建造的一座不寻常的旅馆，于1990年建成并对外开放，因其别具特色的造型而备受关注，被誉为世界上最神奇的建筑之一，成为大叻的著名景点之一。其造型和色彩都极其夸张怪诞，整体为一株大树的形象，七七八八的长出来很多分叉，每个树洞就是一个房间，整座建筑没有一间房间有平整的墙面或方正的门窗。再加上不同形式的雕塑，让人感觉像是走进了童话中的场景，仿佛森林中的巫师小屋，充满了魔幻色彩。游客可以顺着时隐时现、弯弯曲曲、高低起伏的阶梯进入屋内。其中的每一间屋子都有各自的主题，屋内的装饰、摆设、家具也皆是独一无二。感兴趣的游客也可以选择入住，变身童话故事里的人物，度过一个奇幻的夜晚。

TIPS
🏠 03 Huynh Thuc Khang Street,Ward 4,Dalat　☎ 63-3822 070　💰 35000 越南盾　⭐ ★★★★★

12 庞卡尔瀑布 赏
越南最大最雄伟的瀑布

TIPS

 大叻西南55公里处　5000越南盾　★★★★

庞卡尔瀑布是越南最大最雄伟的瀑布，位于大叻西南高原的丛林当中，其气势雄伟，台阶式的瀑布绵延7级，上下落差达到25米，流水穿过多级台阶冲到下方的水潭之中，声音犹如雷鸣。其最壮观的季节还是在雨季，届时能够形成一个完整的半圆形，气势磅礴的瀑布打在谷底溅起巨大的水花。每年的农历正月十五，当地每个族群的年轻人都会聚集在这里做春季朝圣，爬上瀑布的台阶一起祈求永恒的极乐。此外庞卡尔瀑布还是附近僧侣修身养性的地方，来到这里的游人经常可以看到僧侣在水流较为平缓的台阶上念经诵佛，进行各种宗教活动，这也成为当地的一大特色景观。如今这里每年都会吸引大量来自世界各地的游客及佛教信徒，成为了越南著名的旅游圣地之一。

13 达坦拉瀑布 〔赏〕

大叻最受游客欢迎的瀑布之一

TIPS

 đèo Prenn, Phường 3, Đà Lạt 🕐 10000越南盾 ★
★★★★

　　大叻的瀑布在雨季是最壮观的，即使到了旱季瀑布也不会断流。其中达坦拉瀑布是大叻周边最受游客欢迎的瀑布之一，位于大叻的原始森林之中。其入口处位于山顶，进入景区后沿着林间小路穿过雨林，再沿着一段陡峭的下坡路可看到位于半山腰的瀑布，一路上可以欣赏迷人的雨林风光。如果晴天还可以在这里欣赏到瑰丽的彩虹，别有一番魅力。游客也可以选择乘坐特色滑轨车一路滑到瀑布处，下山的轨道弯曲，有点像坐过山车的感觉，一路上雨林风光迷人，到处是各色蝴蝶和各种鸟类的鸣叫。雨林中还可以骑大象和鸵鸟，也十分刺激有趣。

VIETNAM GUIDE

Vietnam

畅游越南
8

胡志明市

　　胡志明市是越南第一大城市，原名西贡。这里曾经是法国殖民时期的经济中心，法国人在这里留下了很多极具欧洲风情的建筑。越南共产党成立越南民主共和国后，这里的保皇派也成立了越南共和国，并且就以这里为首都。1975年两越统一，这里被正式改名为胡志明市。城市虽然发展迅速，却没有喧嚣的大都市气息，依然保持着越南独有的悠闲和浪漫。各种本土和西洋风格的融合正是这座城市的特色，吸引了众多来自世界各地的游客。

01 西贡河

胡志明市的生命之源

赏

TIPS

🔵 Saigon River ★★★★★

　　西贡河发源自柬埔寨，它从东部贯穿整个胡志明市，并且和湄公河三角洲相连，使得原名西贡的胡志明市一下子就成了著名的港口和繁华的大城市，成为胡志明市发展必不可少的生命之源。两岸高楼林立，形成了胡志明市最具现代化的部分，特别是每当夜幕降临，更是被各种灯光映衬得无比美丽。如今夜游西贡河已成为胡志明市热门的旅游项目。在第一郡白藤码头停靠着"西贡"、"美景"、"滨艺"、"一路发"四船游轮，除"西贡"游轮属半国营，其它游轮都属私营。这些游船都于晚上八点半起航，游河约需一个多小时，游船沿着河边缓缓行驶，两岸的霓虹招牌静静闪烁，夜晚的西贡河水映出一片彩色灯光的迷幻世界，在月色里显得格外神秘。游客可以在船上吃晚餐，边吃边欣赏夜景，徐徐清风吹在身上好不惬意，饭后还有丰富的表演，节目精彩不容错过！

02 草禽园
东南亚最负盛名的动植物园之一 赏

TIPS
Nguyễn Bình Khiêm, Bến Nghé, Quận 1, Hồ Chí Minh City ☎ 08-38293728 ⓘ 10000越南盾
★★★★★

　　草禽园(Thao Cam Vien)在越南语中意为饲有各种珍贵鸟类和种植奇花异草的公园。这个公园是由法国人于1864年创办的，在法属时期曾是亚洲地区规划最完美的大型公园之一，至今已有150多年的历史。其占地广阔，收集野生动植物众多，共分动物和植物两大区域。植物园内种植了在越南生长的绝大部分热带植物，伴着油绿的草坪和精心设计的花圃，是一座万紫千红、争奇斗艳的大花园，点缀以假山、亭台、盆景，令人心旷神怡。动物区内除了有狮、虎、象、熊、猿、鳄鱼等珍禽异兽外，还有历史博物馆，陈列着越南东山青铜器时期的文明乃至占婆与高棉族之文物。位于博物馆正对面的是雄殿，里面祭祀着越南民族的开国始祖雄王 (Hung Vuong)。来到这里的人们能够感受到令人心旷神怡的天然风情，不失为市中心喧哗嘈杂之余一个心旷神怡的好去处。

03 西贡水上公园 玩

胡志明市最大的水上公园

TIPS

📍 Kha Van Can，Thu Duc Distric ☎ 08-8970456 💰 70000越南盾 ★★★★

位于西贡河畔南北铁路旁的水上公园是人们在炎热的夏季进行休闲娱乐的好地方，同时也是情侣约会、家庭出游的首选地之一。这个公园里有波浪池、直滑梯溜池、弯道池及橡皮艇弯道池四大主题池，分别适合不同年龄段的游客。波浪池能够模拟轻柔的海浪，让人有种置身于海滨的感觉；橡皮艇弯道池是多人同玩的项目，分为两人或三人一组，顺弯道水流而下，管中忽暗忽亮，随后立即冲入水池，是情侣们享受浪漫的娱乐方式；游人在螺旋弯道池里会随着弯道呈螺旋式而下，可以体验急速并瞬间失重的感觉，是水上公园中最刺激的项目。此外公园内还躺椅成排，树阴成片，皮囊筏很多，游客们可以躺卧其上，悠游在环园水道中，让人在炎炎的夏日里身心舒畅，暑热全消，回味乐趣无穷。

04 中央邮局
赏

豪华绚丽的邮局

TIPS
📍 Dong Khoi Distric 1 ★★★★

中央邮局是由法国人在19世纪末期设计修建的，如今已成为胡志明市的标志性建筑之一。大厅内装饰华丽，极富古典气息，其穹顶、圆形花窗、华丽的大吊灯、花形壁灯、电风扇等，无不透着哥特式建筑的风格。宽阔的大厅两侧是业务柜台，中部由外至内是环形长椅，大厅左右两侧上方各有一张越南地图，据说都是由当年法国地理学家手绘的。而在大厅尽头悬挂的巨大的胡志明画像更是各国游客争相留影纪念的地方。这处邮局如今依然在营业，允许人们尽情拍照，也可以在这里发出盖有特殊邮戳的明信片，这也是一个很好的纪念品。

05 胡志明人民委员会总部

胡志明市的政治中心

人民委员会总部是胡志明市的法式建筑的标志,这座由法国设计师在19世纪末设计建造的建筑具有华丽的洛可可式风格,白墙红顶,远远望去就好像一座宫殿一般。整个市政厅只有两层,除了红色的屋顶,建筑只有黄白两色,但外墙、门框和屋檐等部位布满了以法国英雄人物为题材的浮雕,精致而不失简约。此外宫殿前的广场也是经过精心的设计,虽然现在人民委员会总部作为政府大楼不对外开放,但是人们还是可以来到这里拍照留念,特别是入夜后在各种灯光的照耀下,建筑更是别有一番魅力,成了胡志明市一道独特的风景线。

TIPS

86 Lê Thánh Tôn, Bến Nghé, Quận 1, Ho Chi Minh City　08-36267461　乘6、14路公共汽车可到

★★★★

06 统一宫
原来的西贡总统府

统一宫位于胡志明市中心,是法国殖民者为了加强在越南的统治所设的机构,由当时的越南南部总督拉格兰蒂耶于1869年2月23日开始兴建,取名为"诺罗敦宫",实际上也是当时法国在整个印支地区的总督府。其占地面积达两万平方米,工程耗时三年。1962年在战争中遭弹击部分倒塌,后重建并扩大了面积,并修建了坚固的防御设施,如地下室、可供直升飞机起落的屋顶平台等。在越南统一后被更名为"统一宫",作为越南人民争取独立统一意志的象征。如今这里也从总统府变成了著名的旅游景点。这座白色的建筑高四层,里面共有100多个装饰华美、富丽堂皇的大小厅堂,可满足外交、宴会、娱乐、居住、军事指挥等各种需要。如今依然保持着当年的摆设,游客们还可以进入地下室参观,一窥越南的政治历史。

TIPS

106 Nguyen Du St,District 1,Ho Chi Minh City 08-8221716 15000越南盾 ★★★★★

07 钻石购物中心

胡志明市首屈一指的大商场

TIPS

📍 34 Le Duan Street, Ben Nghe Ward, District 1, Ho Chi Minh City ☎ 08-38257750 ★★★★

　　钻石购物中心是胡志明市首屈一指的大商场，这里由两座分别高15层和22层的大楼组成，铺满了玻璃幕墙的外观在阳光下闪闪发光，很有现代感。而购物中心内部则颇具法国风格，各种世界知名服装、手袋、化妆品等品牌的专卖店鳞次栉比，也有不少越南和东南亚的特色品牌，商品的丰富程度比起世界上任何一个大商场来都毫不逊色。顶层还设有美食广场及超市，超市主要售卖进口产品，美食街专门经营来自世界各地的美食，吸引了不少食客。

08 圣母玛利亚天主堂
红教堂 赏

TIPS
- Bến Nghé, Quận 1, Hồ Chí Minh City
- 08-38220477
- 乘6、14路公共汽车可到 ★★★★

圣母玛利亚天主堂位于胡志明市的中心部分，是胡志明市天主教总教区的主教堂，也是胡志明市的标志性建筑之一。这座教堂建于1877-1883年，两座40米的钟楼是仿照巴黎圣母院而设计，其所有的原材料皆来源于法国，外墙的红砖来自马赛，历经一百多年之久丝毫没有褪色，所以这个圣母教堂也被称作红教堂。两座40米高、带铁尖的四方形高塔直刺天际，其上高大的白色尖顶塔楼十分显眼。教堂外部门廊等部位布满精美雕饰，内部四周均为小祈祷室，每一间的神龛、雕塑及装饰均不相同，十分精美。教堂前还伫立着一座重达4吨的圣母玛利亚雕像，是1945年罗马教会相赠的礼物。像中的圣母双手放在胸前，神情安详，带有一种神圣的光彩。如今这里是胡志明市最热门的婚纱照拍摄地，前来摄影的年轻男女络绎不绝。每周日教堂内还有英文弥撒，有兴趣的游客可以前来感受一下。

09 Dong Khoi购物大街
胡志明市最著名的商业街区 逛

TIPS
- D Dong Khoi Street ★★★★

Dong Khoi购物大街从红教堂延伸到西贡河，是法国殖民时期上流社会活动的中心，还因曾有一间名叫"大陆"的法国酒吧而被人们称作"大陆路"，如今是胡志明市最著名的商业街区之一。这条街上汇集了胡志明市最多的法式建筑，如果不是因为装饰都充满了越南风格，真让人怀疑是不是到了香榭丽舍大道上。沿途有许多精品商店，除了世界各大奢侈品专卖店外，还有不少店铺售卖各种纪念品，包括越南国服、漆器、油画、编织品等，每一件都让人爱不释手，是游客购买纪念品的好去处。漫步这条大街还能沿途经过市政厅、大陆酒店以及市政剧院，这些也是不错的参观景点。

10 胡志明市大剧院
欧洲风格的歌剧院

TIPS

📍 7 Công trường Lam Sơn, Bến Nghé, Quận 1, Hồ Chí Minh City ☎ 08-38232676
★★★★

　　胡志明市大剧院也称西贡歌剧院，位于胡志明市中心第1郡，建于1898年，至今已有一百多年历史。它是一座专门用于举办艺术表演的多功能剧院，在越南战争时期还曾被作为南越政府的议会大厅，南北统一之后作为文艺中心的功能才又被恢复。建筑属于典型的哥特式建筑风格，无论是内部的浮雕装饰还是外部的形状都是按照当时法国同类歌剧院建筑建造的。歌剧院外墙上有各种各样的精美浮雕和花纹，正面巨型的拱门顶端是两位女天使手扶圣琴的姿态，拱门下方的两个立柱前则是两位女神托起大门的形态，让人感受到浓厚的欧洲风情。

11 Caravelle酒店 住

现代化的高层酒店

TIPS

📍 19 Công trường Lam Sơn, Bến Nghé, Quận 1, Hồ Chí Minh City ☎ 08-38234999 ★★★★

　　Caravelle（卡拉维拉）酒店坐落于胡志明市中心地段，毗邻胡志明市大剧院、西贡中央清真寺等景点，坐拥良好的自然环境与极佳的地理位置。早在20世纪六七十年代，这里就是外国记者采访越南时候的主要下榻之地。酒店建筑是一座高24层的现代化摩天大楼，是胡志明市内首屈一指的高层建筑。其名字来源于大航海时代西班牙的帆船，因此这里的标志就是帆船上的三个帆。酒店内有335间装修精美的客房，每间都配有完备豪华的设施，此外还包括漩涡按摩浴池以及按摩、spa、健身中心等，是忙碌了一天后放松身心的理想去处。一楼的自助餐厅提供给住客多种选择，餐厅四周使用透明窗户，住客们可以边吃饭边欣赏美丽的街景。而旅馆顶楼的Saigon Saigon 3ar更是凭高远望的大好地方，可环顾胡志明市夜景，品尝特制的鸡尾酒，十分浪漫。一流的设施与得天独厚的地理位置都让Caravelle酒店成为来胡志明市旅游的游客的最佳留宿酒店。

畅游越南 · 胡志明市

12 Continental Saigon酒店
具有传统法国风格的酒店

Continental Saigon酒店和Caravelle酒店仅有一街之隔，如果说Caravelle酒店代表胡志明市现代的一面的话，那Continental Saigon酒店就是这里古典的象征。这座在1880年就建成的酒店是由法国人一手打造的，从建筑造型到内部装修无一不充斥着典型的法式风格。同时，这儿还拥有着深厚的历史，早在"二战"期间，这里是各国记者的汇聚之所，来自英、美、法等各个国家的记者住在这里相互交流情报，发出新闻，这里几乎成为了当时世界的新闻中心。此外，在这家酒店住过的名人也不少，也为这里增添了不少亮色。强烈推荐它的露天咖啡厅"La Dalce Vita Bar"，在一楼大厅的后面，很有法国特色。隔壁就是百盛，购物十分方便。

TIPS
132 Đồng Khởi, Bến Nghé, Quận 1, Hồ Chí Minh City 08-3829 9201
★★★★

13 胡志明市博物馆 赏
从法国人的宫殿改建而来的博物馆

TIPS
- 65 Ly Tu Trong, Ben Nghe ward, District 1, Ho Chi Minh City
- 08-38299741
- 15000越南盾
- ★★★★★

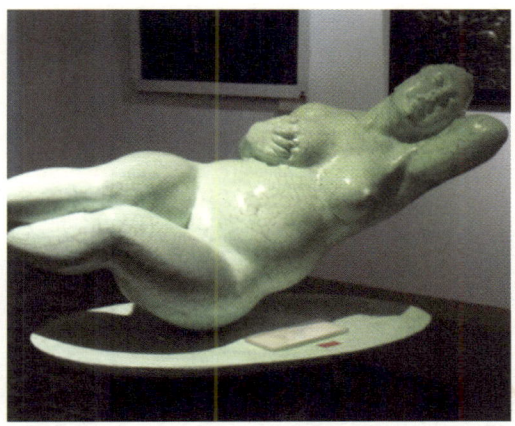

胡志明市博物馆也叫革命博物馆，是从过去法国人修建的嘉隆宫改建而来的。这里曾经也是南越政权重要的政治中心，越南共和国领袖吴庭艳在统一宫（当时还叫独立宫）遭到空袭之后，就搬来这里，所以这里是他被暗杀前最后工作和生活的地方。如今这里被改造为展示越南人民英勇抵抗外国侵略历史的博物馆而对外开放。其整体构造非常美，宽大的楼梯、挑高的穹顶、墙面斑驳的回廊、写满沧桑的发黄百叶窗，处处都在诉说着历史。博物馆内展示了越南人民在胡志明主席的带领下和外国侵略者英勇斗争的各种资料，包括当时使用的坦克、飞机等武器以及一些照片、文件等等，记录相当详尽。

畅游越南 | 胡志明市

14 越南历史博物馆 赏
全景展示越南历史的博物馆

TIPS

📍 Nguyễn Bình Khiêm, Bến Nghé, District 1, Hồ Chí Minh City ☎ 08-38298146 💰 15000越南盾 ⭐ ★★★★

越南历史博物馆由法国人始建于1929年，当时的陈列内容主要是部分亚洲国家的古代艺术品。1956年法国殖民者撤离之后更名为"西贡国家博物馆"，直到1975年越南统一后，博物馆进行了扩建并正式成为如今的越南历史博物馆。现在是一所既具有民族特色，又体现越南地区文化与亚洲国家文化特征的博物馆。馆内收藏颇为丰富，依历史年代的顺序展示了越南古代时期一直到20世纪三十年代之间的历史。主要分为两大部分，第一部分介绍古代越南史，每个朝代都有自己的展区，是了解越南历史沿革的好地方；第二部分展出历史文物，其中既有越南王室的收藏品，也有普通民众的生活用具，许多具有历史意义的珍贵文物也展现在世人面前。尤其以占婆艺术最为精彩，这里的占婆文物收藏仅次于岘港的占婆博物馆。展示不但排列有序，而且还有英文解说。博物馆里还有个小型的水上木偶表演场地，每逢整点都有演出。

15 胡志明市美术博物馆 赏

馆藏丰富的美术馆

TIPS

97 Pho Duc Chinh, Nguyễn Thái Bình, District 1, Ho Chi Minh City　08-38294441　10000越南盾

★★★★

胡志明市美术博物馆是一栋三层的明黄色建筑，建于20世纪初，原本是一座华侨的商业建筑，由越南和法国的设计师共同完成，1975年越南解放后收归国有，并于1987年设立为美术馆。其建筑本身就很有味道，博物馆内几乎每层、每个房间的阶砖都不一样，木雕窗户和供游客休息的椅子还有中国的影子。此外这里还有一台木制的古老电梯，十分古色古香。其中一楼主要举办本国或外国艺术家的短期特展，并现场售卖越南本土艺术家的作品，如遇见中意的画作，当场付款就可以带走；二楼以展示六十多年来越南艺术的进步和发展的常设展览为主，三楼则陈列着从17世纪以来的不少越南古董和带有印度风格的美术品，十分具有艺术价值。

16 西贡中央清真寺
闹中取静的清真寺

TIPS
📍 66 Đông Du, Bến Nghé, Ho Chi Minh City ★★★★

位于胡志明市中心闹市区的西贡中央清真寺是由南印度的穆斯林信徒于1935年在原清真寺的场地上修建的，这是一栋较小的绿色建筑，仿佛喧闹城市当中的一座宁静孤岛。这座清真寺隐藏在普通的民宅之间，大门面向着圣地麦加的方向。清真寺建筑通体被刷成碧绿色，配上金光闪闪的圆顶，在普通的民居中间显得相当显眼。走进清真寺内，里面一片宁静，各种用作礼拜的设施都井然有序，给人一种空旷肃穆的感觉。里面还有个类似游泳池的水池，用于祈祷前的洗礼。周五穆斯林聚礼日是最为热闹的时候，小小的清真寺里挤满了虔诚祈祷的穆斯林。像其他清真寺一样，游客在进入前请务必记得脱鞋，并穿着端庄的衣服。

17 拉希姆清真寺
富有异国情调的清真寺 赏

TIPS
📍 45 Nam Ky Khoi Nghia, District 1 ★★★

拉希姆清真寺是胡志明市内的一座马来人经营的清真寺。所谓"拉希姆"在伊斯兰教里是对安拉的尊称,意思是仁慈者。建于1885年的拉希姆清真寺外观精致小巧,同时也是一个穆斯林小区,它白色与柠檬绿相间的瓷砖大门与周围的建筑很不协调。这里一共住了24户来自马来西亚、印度尼西亚、中国、柬埔寨、越南等地的穆斯林家族,他们在这里生根已达五代之久,有的一户住5个人,有的一户住了20人。这里每户人家都没有房屋所有权,但越南政府允许他们世世代代免费住在这里,条件是要照顾好这座古迹。寺内的墙上挂有越南、巴格达、耶路撒冷、喀布尔、科威特、华盛顿等各时区的时钟,极富异国情调。

18 滨城市场
商品包罗万象的集贸市场 逛

滨城市场是胡志明市规模最大的室内集贸市场,市场外的圆形广场上伫立着一个异常醒目的大钟,成为了这里独特的标志。这里出售的商品包括各种吃的用的,衣食住行一应俱全,不过这些东西的价钱高低不一,还价空间很大,需要有一定的分辨能力。而到了晚上这里更加热闹,市场外的几条小路上会支起棚架继续白天的市场,各种出售特色小吃的大排档也会相继出现,整个市场会变得像一个夜市一样。出售的越南小吃味道正宗,价格低廉,小贩们的叫卖声此起彼伏,十分具有特色。

TIPS
📍 Intersection of Le Loi, Ham Nghi and Tran Hung Dao, Ho Chi Minh City
★★★★

畅游越南 | 胡志明市

19 PHO2000河粉店
越南最著名的河粉店 吃

TIPS
📍 26 Lê Thánh Tôn, Bến Nghé, Ho Chi Minh City
☎ 08-38292612　★★★★

越南河粉是享誉世界的知名小吃，在胡志明市内有很多大大小小的河粉店，其中最著名的要数PHO2000这家店。据说当年美国总统克林顿来到越南访问，还专门到这家店里品尝了河粉，从此这里就吸引了很多外国的游客，因此店家还特别制作了英文的招牌挂在店前。这里的河粉确实味道不错，各种配菜加上各式海鲜与牛肉混搭，青柠的清新夹杂着肉汤的余味，再加上河粉独有的爽滑，让食客在吃过一碗后仍然胃口大开，满口鲜味，回味无穷。除了河粉之外，这里特色的炸虾春卷也相当不错，值得一尝。

20 Highlands Coffee
有"越南星巴克"之称 吃

TIPS
📍 7 công trường Lam Sơn, Bến Nghé, Quận 1, Hồ Chí Minh　☎ 08-39143634　★★★★

Highlands Coffee是胡志明市一家有名的连锁咖啡厅，走的是国际化路线，因此比较受外国游客欢迎，有"越南星巴克"之称。如今在市内已经开有多家分店，在游览的途中走累了随处都能找到它小歇一会儿。Highlands Coffee在装修上以灯笼式的灯光以及舒服的沙发来营造一种慵懒的氛围，现代时尚又富有典雅情调。这里除了特色的咖啡饮品外，也有三明治、米粉、套饭等食物。客人可以在这里一边品尝富有越南特色的咖啡，一边谈天说地，或者窝在柔软的沙发里享受免费的WIFI，感受胡志明市的小资时光。

21 Au Manoir De Khai

胡志明市最正宗的法式餐厅

TIPS

📍 251 Điện Biên Phủ, 7, Hồ Chí Minh City ☎ 08-3930 3394 ⭐ ★★★★

越南被法国殖民者统治多年，因此也传承到了最正宗的法国大餐。位于胡志明市的Au Manoir De Khai就是越南小有名气的五星级法国餐馆。这座餐馆位于一座建于20世纪初的法式旧楼中，周围的环境清幽，内部的装饰十分豪华，充满了欧洲风情，让人感觉十分浪漫。这里的大厨也都是从法国请来的，无论食物的造型还是口感都有较高的水平，和在法国吃到的大餐别无二致，让人们不必千里迢迢赶去巴黎，也能吃到好吃的法国菜，让人仿佛置身于巴黎。特别推荐的特色有冰砖伏特加、鹅肝牛肉洋葱汤、雪葩等。此外餐厅内还有一个僻静的小酒吧，方便游客在里面把酒言欢。

22 马里阿曼印度庙

造型优美的印度教神庙

TIPS

📍 45 Truong Dinh, Ho Chi Minh City ⭐ ★★★★

充满南印度色彩的马里阿曼印度庙是胡志明市著名的宗教建筑之一，它建于19世纪末，是用来供奉印度女神马里阿曼的。该神庙有着典型的南印度风格，造型华美大方，屋檐上竖立着多尊精美的印度教神灵雕像。漫步在寺内可以看见一座高大的马里阿曼女神塑像，它的造型优美，神态逼真，是不可多得的艺术精品，附近的墙壁上还雕刻着精美的壁画，内容都取材于印度教神话。如今这里已成为胡志明市著名的景点之一。

23 玉皇庙
中国式庙宇的瑰宝

TIPS

📍 73 Mai Thị Lựu, Đa Kao, District 1, Hồ Chí Minh City ☎ 08-38203102
★★★★

胡志明市的玉皇庙建于1909年，是由来自广东的佛教徒集资兴建的，如今是胡志明市最富丽堂皇的一座中国式庙宇，在寺院的正殿供奉有玉皇大帝和诸天神的木质雕像，前殿和楼上则供奉有释迦牟尼和观音菩萨，两侧供奉有土地公公、地藏菩萨、弥勒佛、药师佛、北帝、雷公等中国游客耳熟能详的神话人物造像，所有雕像都十分精美，值得一看。

24 战争遗迹博物馆

纪念越南战争的博物馆

TIPS
- 28 Võ Văn Tần, phường 6, Quận 3, Hồ Chí Minh City ☎ 08-39306325
- 15000越南盾 ★★★★

战争遗迹博物馆位于曾经的美国情报局旧址，记载了越南近代国家历史上非常沉重的一页——越南战争。馆内共分为历史真相、印度支那战争中殉职的国际新闻摄影记者的时事照片集、日本摄影家石川文洋和中村悟郎的时事照片集、监狱制度、侵略战争的罪行、"白鸽"儿童教育厅、世界各国人民支持越南抗战等展览主题。整个展览通过武器、战地照片、受害者战后生活图片及儿童绘画，并配以冷静的叙事性文字，简单却成功地再现出"战争罪行"，见证了越南人民所遭受的各种苦难。博物馆所在院子里停放着直升机、炸弹、坦克、战机等当年美军所使用的军备。博物馆外围一侧还按1:1仿真布置了一个最早由法国人修建的"恶魔岛"监狱模型，里面的狭小空间陈列出一些老虎凳、断头台等行刑工具，令人毛骨悚然。即使对那段历史和战争一无所知，通过参观这个战争遗迹博物馆，也会感受颇多。

25 Blue Ginger

当地最佳越南餐厅

TIPS
- 37 Nam Kỳ Khởi Nghĩa, Nguyễn Thái Bình, Hồ Chí Minh City ☎ 08-38298676 ★★★★

Blue Ginger是胡志明市最有名气的越南餐厅，其前身是一个记者俱乐部，后由胡志明市的刊物《Saigon Times》创办为一家特色越南餐厅，还曾被选为当地最佳越南餐厅。如今已在世界各地开设了数家分店，当地这家经常有名人光顾，其中包括美国前总统克林顿。店内环境相当雅致，有室内餐厅也有露天花园，搭配古雅的越式摆设，还有自己的吧台。晚上7点左右更有穿着传统越南服装的歌手演出，让客人可以一边进餐一边体会传统的越南文化，绝对是一种独特的体验。

VIETNAM GUIDE

畅游越南 ⑨

胡志明市周边

01 堤岸观音寺
越南佛教寺庙中香火最旺的一座

TIPS

📍 243 Sư Van Hanh, Phường 9, District 10, Hồ Chí Minh ★★★★

观音寺是堤岸地区最著名的一座寺庙，是由当地华人在19世纪初修建的。正如寺名所示，这里主要供奉观音菩萨，在当地人心目中十分灵验。这座寺庙极具艺术气质，红漆大柱上绕着金色的蟠龙造型，墙上到处都是用瓷砖拼贴出来的神话故事图案，其中还有人们耳熟能详的《西游记》故事等。如今这里已成为越南佛教寺庙中香火最旺的一座。

02 平西市场 逛
堤岸唐人区最大的批发市场

TIPS
📍 57 Tháp Mười, 2, Hồ Chí Minh　🚌 乘坐公交01路、06路、54路、54VTTP路、56路、66路、68路、80路、82路、84路、94路、101路、103路、143路、145路至Bến xe chợ lớn站下车　⭐ ★★★★

平西市场又称"金边市场",是堤岸唐人区最大的批发市场,也是胡志明市最大的集贸市场之一。这里主要聚集了大量的华人商铺,据说很多已经经营了超过百年。市场由华人聘请法国设计师设计,采用了中国建筑的砖瓦屋顶设计,充满中国色彩。分成两层的市场看起来有点像是传统的中式大杂院,各种大小店铺依次排开,出售的商品也是包罗万象,1楼主要出售水果、鲜花、食品等,2楼出售服装、布匹、五金、日常用品等。除此之外,游客还可以在这里找到凉茶铺、混沌面店等中国特色店铺。这里的店铺老板大多会说中文,游客们可以在这里自由自在地选择自己想要的东西,也可以坐下来享用美食,将逛店变成一种乐趣。

03 堤岸唐人街
繁华的华人聚居区 逛

TIPS

📍 Cholon　🚌 在边青市场对面的巴士总站乘坐1路、54路公交车即可到达　★★★★

　　堤岸是胡志明市华人最多的地方，自1778年中国商人来此定居之后，这里便一直是华人最大的聚集地，目前居住在堤岸的华人有40余万。华人对越南的发展起到过至关重要的作用，他们所在的堤岸地区也曾是胡志明市最繁华的区域。这里可以看到很多充满中国风情的建筑，虽然看上去有点陈旧，但是依然热闹如昔。其中很多都是经营传统粤式小吃的店家，各种食物的香气吸引着每个来到这里的游客。电影《情人》中那位中国阔少爷和法国女子就是在堤岸区度过了一段又一段曼妙的时光。如今的堤岸完全就是一个唐人街，到处可见中文灯箱和灯牌，满街的叫卖声，很有画面感。

04 福安会馆

华人建立的会馆

TIPS

 184 D Hung Vuong ★★★★

福安会馆是当地中国人所建造的明乡会馆中最著名的一处，早在明朝末期，就有很多中国人移民来到越南避难，这些人就被称作明乡人。他们在这里建造了很多会馆，也就被称作明乡会馆。来到福安会馆前，传统的中国风貌让人颇感亲切，门口的"七府明乡"四个大字十分显眼，正门左侧安放着一尊与实际大小差不多的Quan Cong圣马。参观结束时，人们会向圣马献上祭礼，抚摸一下马鬃，摇一摇马脖子上的铃铛。走进会馆可以看到，这里的建筑保存完好，各种精美的装饰和物品都显出浓浓的华夏风情，让人过目难忘，非常值得一游。

畅游越南 | 胡志明市周边

05 觉林寺
胡志明市第一名刹

TIPS

118 Lac Long Quan, Tan Binh District
★★★★

建于1744年的觉林寺是胡志明市最古老的寺庙，最初只是当地一个富商以木头和茅草搭的私人佛堂，之后历任了8位高僧住持，两次整修，加上后来附设了佛学院，觉林寺才有了今日这番历史风貌。其建筑和装修在1900年后再无变动。觉林寺不仅是越南南部的佛教徒信仰中心，也是当地的佛学机构，更在1998年被评为越南的国家历史文化遗迹。这座古寺有着鲜明的明清建筑风格，造型典雅大方，充满着凝重幽静的感觉。寺院里的佛像既有越南民族风格的罗汉像，也有深受中国影响的佛像。寺内的九龙壁雕刻画九龙腾云，嘴喷水珠，造型极为精美，高大的"神幡宝柱"是这里的核心景点，它身上贴满了用于祈福的条幅。觉林寺不论是庙堂还是细节的雕刻都充满神奇的魅力和令人探究的秘密，值得好好欣赏一番。

06 觉圆寺
佛像众多的寺庙

TIPS
 phường 3, Quận 11, Hồ Chí Minh ★★★★

在莲潭湖（Dam Sen Lake）畔富有乡村气息的环境中坐落着的觉园寺是胡志明市的名刹之一，是觉圆大师（Hai Tinh Giac Vien）于1744年建造的，以其众多造型各异的佛像而知名。漫步在寺庙内可以看到雕梁画栋的古建筑，还有书写着苍劲有力的大字的匾额，郁郁葱葱的古木，它们共同构成了一幅宁静淡雅的画卷。寺中至今保存有153尊工艺精美的雕像，其中既有庄严肃穆的如来佛像，也有和蔼可亲的观音菩萨像，还有气势威武的四大天王像等。此外值得一提的是，这里还有一顶珍贵华丽的轿子，是阮氏王朝赠送给该寺僧人的礼物，堪称宝物。

07 天后庙
古老的宗教建筑

天后庙修建于19世纪中后期，是供奉中国的海上女神妈祖的地方，成为越南南方华侨华裔的精神寄托地之一。这座古老的建筑有着鲜明的岭南建筑风格，造型古朴典雅，雕梁画栋的殿堂里有着精美的装饰。进入天后庙，随处可见中国的文字、陶瓷、雕刻，庭院正门头上有精巧的"八仙过海"灰塑，进入内院放眼可及之处都是巧夺天工的广式精美灰塑，色彩艳丽，人物庞杂，场面热闹，小小一面墙头上就有近百人物，在国内都非常少见。据说当年是专门请广东的工匠渡海来修建的，还留有"宝源制造"和"戊申年立"的落款。中庭屋檐上的浮雕群雕工精细，人物栩栩如生。此外庙内还有一大特色就是凌空悬挂着满满的螺旋状塔香，专供来往的香客敬香乞福，厅侧有专门售卖盘香的地方，游客们可以在红纸条上写下你要祝福的人的名字，贴在香的底部，有专人为你挂起来。微风吹过，串串盘香随风摇曳，香烟袅袅。庙内供奉的妈祖娘娘慈眉善目，仪态端庄，经常有人来这里烧香拜佛，祈求神灵的保佑。

TIPS

 710 Nguyễn Trãi, phường 11, Quận 5, Hồ Chí Minh ★★★★

08 安东市场
首屈一指的旅游购物地

TIPS

 phường 9, Quận 5, Hồ Chí Minh 乘坐公交45路、96路至Đối diện 9 (An Đông plaza)站下车 ★★★★

安东市场是胡志明市著名的购物休闲景点，因为这里的店铺老板大都能说汉语，所以成为中国游客首选的购物街。这个市场共分为四层，每层都有着自己的特色，第一层售卖海产品，既有新鲜的海鱼，也有精心腌制的食材。服装层里出售的大都是越南的传统民族服装，尤其以京族少女所穿的衣物最受欢迎。此外市场内还能买到许多精美的手工艺品和旅游纪念品。市场地下还设有十几家小餐馆，提供味道鲜美的小吃，可以大饱口福。

09 Pho Oso
不好吃不用给钱的美味河粉

TIPS
 37 D Dong Khoi　08-38296415　★★★★

　　Pho Oso是一家规模不大但拥有50多年历史的河粉老店，在50多年里，该店只卖不同部位的牛肉河粉，形成了该店的特色，在胡志明市培养了不少老主顾。店铺内装修别致，墙上挂满旧照片，见证着这家老店的发展。这家餐馆的就餐环境很舒适，主营的牛肉河粉美味可口，且价钱不贵，其"不好吃不用给钱"的广告语更是令人印象深刻。除了牛肉河粉以外，如今Pho Oso还提供扎肉、糕点等配菜以适应不同顾客的口味。不仅当地人喜欢在这里就餐，很多游客也是慕名而来，绝对不可错过。

10 古芝地道
越战中的地下村落

TIPS
 Cu Chi　70000越南盾　 ★★★★

　　古芝地道位于胡志明市西北约70公里的古芝县，这里原本是法国殖民时期当地反抗势力挖的防卫地道，后来经过扩建，成了越军第二十五师的地下本部，如同一个地下村落，在越战中起到了非常大的作用，是那时候对抗美国侵略者最重要的基地。地道共分三层，全长200多公里，里面建有医院、会议室、休息室、作战室、粮库及军事陷阱等设施，功能十分完备，走在这纷繁复杂的地下世界里，让人有一种探索迷宫的感觉。美国人当年在针对地道发动的地面行动中遭受到了巨大的伤亡，后改为对这一地区进行炮击和轰炸，直到把这里炸得跟月球表面一样。现在的地道有一部分已经重新修复，有两处对游客开放，一处位于边定村（Ben Dinh）附近，另一处在滨药村（Ben Duco），游客可以从入口处进入地道里面参观。额外付费的话，游客还可以在射击场用真正的机关枪射击，感受当年的枪林弹雨。

11 高台教圣地

高台教的主庙之一

TIPS

🏠 西宁镇以东　🚌 胡志明市乘长途车在西宁镇Tay Ninh站下
★★★★

高台教是越南的本土宗教，创立于1926年，由佛教、道教、天主教、印度教、儒教和伊斯兰教等多种宗教集合而成，在南部地区颇为流行，高台教圣地是高台教的发源地和主庙之一。圣地位于胡志明市西北近100公里的西宁省，建筑风格体现了其教义混合的特征，结合了东西方宗教建筑的特点，既有哥特式的高大尖塔，也有飞檐斗拱的中式殿堂，还有雕刻着龙的圆柱。庙内供奉的神灵众多，位于最高层的是释迦牟尼，两侧分别是老子和孔子；第二层中间是观音，左右分别是李太白和关圣像；耶稣占据了第三层；第四层供奉的是姜太公、孙中山等东西方真实历史人物的雕像。此外这里还有著名的天洞、水洞和浅洞。天洞位于地面以下200米处，水洞是一条地下河的出口，洞口有状如鲸鱼的大口，洞中石钟乳酷似鲸鱼的牙齿。游人可以乘小艇入洞畅游地下河。中午庙内还有诵经仪式，感兴趣的游客可以前往参观。

12 头顿海滩
受人青睐的海水和沙滩

TIPS
130 Km Southeast from Ho Chi Minh City 可从胡志明市白藤（Bach Dang）渡口搭乘水翼艇前往
★★★★

头顿本是越南南部一个传统渔港，距胡志明市只有一百多公里，交通十分便利。据记载，当年最后一支撤离越南的美军部队便是在头顿登船返国的，自此之后这个地方就开始广为人知，直至今天已成为越南境内海滨旅游胜地之一。整个头顿半岛三面环海，市内街道沿着海岸修建，终年气候温暖，凉爽宜人，有众多的海滨浴场，沙滩洁白细软，海面风平浪静。半岛的西部是海拔245米的石山，山脚下是头顿的第一个海滨浴场——桑树滩。在半岛的东南端从前滩往南沿一条花岗石路可攀上高170米的头顿山（又名"小山"），山上建有灯塔，站在山顶放眼远眺只见海天一色。山脚下有望月海滩、浪游海滩、菠萝海滩等，这些海滩虽小，但海水洁净，海风温和，宁静宜人。从头顿山往东为后滩，又名"垂云海滩"，长8公里，头顿主要的海浴场就在这里，游客们可以尽情冲浪、游泳，观看日出日落。

13 耶稣山
亚洲最大的耶稣塑像

TIPS

📍 Thùy Vân, phường 2, Vung Tàu, Bà Ria - Vũng Tàu ★★★★

耶稣山是位于头顿的一座高约百米的石山，据称这里曾是越战时美军从海上向越南运送军用物资的港口，为了安抚军人的心灵，美国人就在这里修建了一座双手张开、高达32米的巨大耶稣雕像，此山也就因此而得名。如今这座耶稣雕像是世界第二大耶稣雕像，整个耶稣像是用纯白的大理石雕塑而成，俯瞰着南中国海，背靠胡志明市。耶稣像表情慈爱，张开双手好像在拥抱世人。从山下远远眺望就像是一座十字架牢牢钉在山丘上。游客必须先走上近千级的"好汉梯"才能到达耶稣像的脚下，进入耶稣像内部还可以攀爬回旋梯登上耶稣的肩膀，

两肩每边仅能容纳3人，左边可看到绵延约15公里的头顿后滩，右边则是越南的南部，背面是胡志明市，前临浩瀚无边的南中国海，视野广阔，放眼望去毫无遮蔽，茫茫大海与头顿市尽收眼底。此外整个园区还随处可见精美的雕塑，让人仿佛置身于欧洲童话般的世界。

14 龙海海滩度假村　　　　　　　　　　住
安静休闲的度假山庄

TIPS

📍 Long Hải, Long Điền, Ba Ria – Vung Tau
⭐ ★★★★

　　龙海本是胡志明市附近的一个小渔村，因其便捷的交通和乡村风格的沙滩吸引了大量游客，如今已开发成一处设施完备、条件优越的度假山庄。这里位于得天独厚的长海海滩地区，距离著名的旅游胜地头顿不远，但是相比起来这里更显得宁静安逸。山庄里有卡拉OK厅、按摩房、网球场、桌球室、钓鱼区、健身室、赌场等设施，可以提供给每一个人世界级的服务。同时这里还有可以观看海景的餐厅和竹子休闲吧等，每间房都可感受到龙海海滩度假村的独有风格，每个人都能在这里度过一个难忘的美妙假期，是头顿附近休闲度假的首选之地。

15 美拖
以盛产水果而出名的小镇

TIPS

📍 位于湄公河三角洲，距胡志明市70多公里　🚌 从胡志明市的堤岸长途汽车站乘长途汽车可达　★★★★

美拖是距胡志明市70多公里的一个小镇，湄公河流经这里时，分成了九条河流奔向大海，因此又得名九龙江。美拖在湄公河上洒落着4个小岛，分别叫龙岛、凤岛、龟岛、麟岛。岛上以盛产水果而出名，生活简朴宁静，生活节奏在这里要缓慢得多。游客们可以乘观光游船游览闻名东南亚的第一长河——湄公河，沿途的泰山岛上有许多果园，漫步在热带果园中可以享受香味四溢的水果大餐。在靠近槟榔一带，可以改搭划桨式的小船，沿着森林中的水道，体验热带丛林的气氛。到了槟榔可以下船参观椰子糖工厂。凤岛有椰子教的寺庙遗迹，还可以划独木舟穿越丛林、走水乡小径、参观养蜂场，感觉非常棒，有如回到越战丛林的景象。著名的电影《青木瓜之味》和《情人》都曾在此取景拍摄。

看点 01 天道教教坛
纪念椰子和尚

天道教教坛位于湄公河的椰子岛上，椰子教是20世纪刚刚兴起的宗教，由一位叫作椰子和尚的僧人将佛教与天主教的教义结合起来创成。这座教坛则是当时天道教的总坛所在，如今这里已经改造成为椰子和尚本人的纪念馆，馆内介绍了他的生平，并且通过各种文字、图片资料将他创教和传教的历程展示了出来，从一个侧面反映了越南当时的历史。

看点 02 泰山岛
热带雨林风情游

拥有大量热带果园和树林的泰山岛又被称为水果岛。这是一座风光迷人的美丽小岛，在这里，游人可以乘船顺着水道欣赏热带沼泽和茂密树林，也可以选择坐在竹棚下欣赏越南民歌，品尝木瓜、芒果、菠萝、人参果、龙眼、火龙果、红毛丹等各种新鲜美味的热带水果。

看点 03 永长寺
供有高僧肉身的寺庙

位于美拖市的永长寺建于19世纪初，距今已有近二百年历史，是当地最著名的寺庙之一。从建筑风格上看沿袭了印度教寺庙的传统文化特色，建筑色彩鲜亮明快，花饰繁多，体量轻盈，充分体现了工匠们精湛的技艺。寺内供奉的60尊珍贵的木像更是被称为20世纪初雕刻的艺术精品。最值得一提的是寺内供有数百年高僧的肉身，十分珍贵。在永长寺的侧廊中还供奉着一幅胡志明主席的画像，贡品都摆放在画像前的条案上，体现出胡志明主席在越南人民心中的崇高地位。

VIETNAM GUIDE

越南其他

Vietnam

畅游越南 ⑩

01 永隆水上市场
规模不小的水上市场

逛

TIPS
📍 Cai Be，Tiền Giang ★★★★

　　永隆是湄公河畔著名的小城，城中有不少殖民时期的法式建筑和中式传统建筑，徜徉其中，会有种历史穿梭感。这里的人因地制宜，利用湄公河形成了一个规模不小的水上市场。这里最大的特色就是所有的商家和顾客都要乘船，无论是交易还是讨价还价都要在船上这种摇摇晃晃的环境里进行，让人觉得既新鲜又有趣。这里出售的商品大多都是新鲜的果蔬，游客们可以买上一点，然后坐船继续前进。此外在途中还可以看到一座很特别的天主教堂，很适合游客们在此拍照。

02 Cai Rang水上市场
湄公河三角洲最大的水上市场

TIPS

📍 Ninh Kiều，Cần Thơ ★★★★

芹苴作为湄公河畔的城市，这里的居民日常生活都离不开水，无论是做饭、洗衣，还是玩耍等，几乎都在水边，商业活动自然也不例外。这里有著名的Cai Rang水上市场，是湄公河三角洲最大的水上市场。祖祖辈辈生活在湄公河上的人们每天都驾着船运输、买卖货物，大船、小船、手划船、机帆船，木制的、铝制的、铁制的应有尽有。游客们可以看到一艘艘摆满果蔬和生猛海鲜的船只在水里行进，而水上餐馆也是这里的一处名景，坐在一艘艘小船中品尝着鲜美的鱼虾，也是一种独特的享受。

畅游越南：越南其他

03 富国岛

保持了原始风光的岛屿

TIPS

🔸 Phu Quoc Island ★★★★

富国岛是越南最大的岛屿，它位于暹罗湾中，是一个由22个大小岛屿组成的群岛中最大的一座，由于天然资源丰富，又被称为"珍珠岛"，是越南得天独厚的旅游天堂。这座岛上还没有完全被人类开发，因此到处都是充满原始风情的景色，是人们享受大自然的最好去处。这里有著名的金沙滩和原始林，不论是上山还是下海都是不错的选择。岛上盛产煤玉、无烟煤、木材、胡椒、可可、咖啡、槟榔和椰子，渔业发达。人们可以在这里享受各种充满野趣的活动，其中钓鱼最受人们欢迎，这片海域鱼多人少，技术好的人绝对可以满载而归，搭配上当地特产的鱼露，一顿丰富的海鲜大餐一定让人难忘。富国岛上的潜水和浮潜行业起步较晚，和大陆沿海地区相比，人不多也有更质朴的海洋环境。租一辆摩托车，沿着空旷的土路穿过原始森林，是了解这个岛屿的另一种方式。在这里被开发成为旅游热地之前，赶快去看一看它的原始风光吧！

看点 01 长滩古村温泉度假村
富国岛第一家五星级度假村

富国岛曾经是王公贵族们的度假地，如今也开发了众多旅游度假村。其中的长滩古村温泉度假村是富国岛第一家五星级度假村，位于一个原本空无一人、未受污染的富国岛海滩。这里的温泉水质良好，具有强身健体等多种功效，游客们可以一边漫泡在温泉中一边欣赏富国岛的海岛风光，还可以在专业人员的带领下潜入水中，寻访那神秘莫测的海底世界。

看点 02 石山殿
当地渔民祈求出海平安的寺庙

建于1937年的石山殿地处Duong Dong River河口，是当地渔民每次扬帆出海前祈求平安的寺庙，现今这座已有80多年历史的寺庙不仅依旧是当地渔民祈求平安的宗教场所，同时也成为一处古朴的观光胜地。在石山殿前，游人不仅可以欣赏到沙滩、大海和岩石构成的海滩美景，还可以站在沙滩上感受海风吹拂在身上的柔和触感，充满浪漫风情。

04 安泰群岛 玩
位于泰国湾上的群岛

位于富国岛南部的安泰群岛地处越南的近海，泰国湾的边缘。该群岛由15个风景秀美的小岛所组成，其中三个岛屿有人居住。来到这里的游客们可以在柔软的沙滩上漫步，也可以参与沙滩排球、沙滩足球等娱乐活动。海边的礁石众多，站在巨石上看着汹涌澎湃的大海，不得不赞叹大自然的美丽与神奇。来到渔民生活的地方，游客们也可以跟随渔民出海，既能体验他们的传统生活方式，还能亲自捕捞海鲜，这样做出来的菜肴一定更加美味。

TIPS
 south of Phu Quoc Island ★★★★

05 芒街
接壤中越的小城

TIPS

📍 Mong Cai, Vietnam ★★★★

芒街是越南东北部的一个小城，东临北部湾，西接谅山、河北、海兴、海防等省市，北与我国广西东兴市接壤，地理位置独特，是从广西东兴口岸进入越南的门槛。这里是越南新兴的经济特区，拥有越南北方最大的边贸市场，不少旅游者到芒街旅游都把购物当作一项重要内容，其主要工艺品有以当地出产的优质煤为材料的煤雕、水牛角雕以及金银首饰、玉器等。东南亚风情村是芒街最大的旅游景点，人们能在这里体验到越南、老挝、泰国、缅甸等国家原汁原味的民俗文化，欣赏它们的民族歌舞，参观东南亚各国的历史文物、民俗文化等内容的展览和陈列，了解它们的风土人情。此外在芒街还有一处茶古海滩，海滩绵延数公里，沙子细白柔软，水质清澈，是一处深受人们喜爱的海滨浴场。茶古海滩上还建有一座天主教堂，也是游客经常涉足的地方。

06 美奈

世上唯一海与沙漠共存的城市

玩

TIPS

Mũi Né, Phan Thiết, Bình Thuận, Việt Nam

★★★★

　　美奈（Mui Ne）是位于越南东南部平顺省美奈半岛上的一个渔村小镇，地处胡志明市和芽庄之间，曾经以生产、售卖鱼露为主要经济来源。这里有长约50公里的绵长海滩，还拥有越南唯一一处沙漠地形。宁静的原始渔村、惊险刺激的风帆冲浪运动、壮美的白沙丘红沙丘、神奇的仙女溪，以及众多不同档次的旅游度假屋，让这里成为了越南著名的一处滨海旅游区。作为一个渔村，这里的饮食主要以海鲜为主，食材新鲜。越往东部渔村靠近，海鲜的价格越便宜，甚至可能是中西地区价格的一半。由柔软的白色细沙所组成的白沙丘是这里的名景，游客们在此可以体验到滑沙运动和赤足奔跑带来的沙滩乐趣，也可在海滩边的椰子树下尽情放松身心，享受假日带来的悠闲时光。

畅游越南 — 越南其他

看点 01 渔村
美丽的原始渔村

　　与很多旅游城市不同的是，美奈依旧保留了它最淳朴的地方，渔村至今保持着最原始的模样。这里的日出是美奈一天中最美的时刻，渔村忙碌的清晨就从这里开始。在金色的朝阳下，渔民们满怀期待地在海边的滩涂上将亲人的渔船拉回岸边，金色的海浪在岸边形成一道道优美的线条。渔村忙碌而充满生机的每一天就随着冉冉升起的红太阳，在金色的期盼中拉开序幕。游客在这里可以近距离地感受当地渔民的生活。这里与别处的海滩最大的不同在于，这里的海浪有很长的一个缓冲区，基本上几十米的整个海滩都在不停地被海水洗刷。行走在沙滩上，温热的海水来回地从脚趾间滑过，感觉很棒。

看点 02 婆萨努塔
历史悠久的占城佛塔

　　婆萨努塔位于通往潘切的706国道五公里处，是现存历史最悠久的占城佛塔，其建筑风格深受前吴哥时期高棉文化的影响，整个塔占据了一座小山，从塔上可以纵览美奈。

看点 03 | 白沙丘
大自然的风景画

美奈最吸引人的就是那些庞大的沙丘，其中白沙丘是最为壮观的一部分，由一片片白沙连接而成，连绵起伏，规模宏伟。在这里可以看到沙漠深处的淡水湖泊，湖泊旁长满了高大幽深的热带丛林植被，沙丘包裹着碧湖绿树，湖中开着朵朵荷花。风吹荷浪翻涌，岸边丛林树梢沙沙作响，沙粒流动无痕。大海和沙漠就在一幅画面里，尤其是日出日落时，坐在沙漠上远眺太阳在海面上升起降落的瞬间，别有一番风味。

看点 04 | 红沙丘
日落拍摄最佳地点

红沙丘是一处靠近海岸的红色沙丘，这里属于热带季风气候，年平均气温24℃左右，雨旱两季分明，大部分地区5月至10月为雨季，11月至次年4月为旱季，最佳旅游季节为春秋两季。这里的沙子比较柔软，在沙丘北面和西面都有一些茂密的树林，拍照的时候可以同时拍摄到沙丘、海岸、树林。此外，这里的日落也吸引了大量的游客，夕阳余晖照在红色的沙丘上实在是美轮美奂。

看点 05 仙女溪

被称为"非地球上的景点"

　　仙女溪是流经美奈东侧沙丘和岩层的一条小溪，掩藏在浓密的树林里。仙女溪的红土大陆映衬在蓝天白云之下，脚下是细软的红色沙泥以及只漫过脚踝的浅浅溪水。当登到红土的最高处，小小的美奈便尽收眼底，掩映在青山绿树与辽阔的大海之间，如同人间仙境。

07 巴贝国家公园

山林泉石兼备的公园

赏

TIPS

📍 Bac Kan province ☎ 281-3894099 🚗 从河内乘租车可达 ★★★★★

巴贝国家公园是越南最大的生态旅游区之一。该公园位于北渐省，其中心是巴贝湖，四周被高耸陡峭的山峰包围着，以瀑布、河流、幽深的山谷、湖泊以及山洞而闻名。原始森林内动植物资源丰富，包括植物417种、脊椎动物299种、淡水鱼类49种，已被列入世界急需保护的二十大淡水湖名录，成为众所周知的国际重要湿地。此外峭壁岩石间还有众多壮观的瀑布群以及形态各异的岩洞，其中一个洞中还有一条可以航行的河流。游客们可以尽情地穿梭在山林之间，欣赏瀑布从天而降的壮美景观，或是进入神秘的岩洞中探险。值得一提的是公园周围还有住在高脚屋里的傣族部落，游客可以入住湖边Pac Ngoi村当地居民家的高脚屋中，还可以吃到村民们新鲜打捞的鱼，一定可以尽兴而归。

畅游越南 : 越南其他

08 沙巴

越南的丽江

TIPS

SAPA ★★★★★

沙巴属越南老街省，位于北部山区，平均海拔1550米，是越南国内海拔最高的城市。地处中越两国交界处山区的沙巴虽然是越南众多少数民族的聚集地，融合了京、瑶、壮、汉、傣等少数民族，但却因为在法国殖民时期被开辟为避暑胜地而有了浓重欧式小镇的感觉，至今镇内依旧保存了许多当年法国人遗留下来的洋楼，拱形门楼、罗马柱、阳台上的落地门窗，以及哥特式的尖顶比比皆是，这些浓缩了欧陆经典特色的建筑与满街上缠着深蓝色头布的黑苗人、戴着红色头饰的红瑶人等山民奇妙地融合在一起，堪称一绝，被称为"越南的丽江"。这个没有任何工厂和高大建筑物的小镇空气洁净，民风淳朴，人们生活得相当自在。城填在云雾之中时隐时现，在瑰丽的景色中怡然自得，宛若人间仙境。

看点 01　维多利亚沙巴酒店
沙巴最好的酒店

维多利亚沙巴酒店是其在越南中北部唯一的分店，可以看出沙巴在越南的旅游地位。要体验当年法国殖民时期留下的浓厚风情，最好的方式就是入住维多利亚沙巴酒店，搭乘特别的维多利亚快车。这趟法式氛围浓厚的列车专门将住客们从河内接往沙巴，全程380公里，整个列车只有三个车厢，可以容纳52名客人，一般都是挂接在别的列车后面运行。列车里的装饰极具法式浪漫风情，车厢壁均用木板铺设，搭配上昏暗的灯光，显得很有情调，仿佛真的带领人们回到了那个时代。同时，车厢里设施也很不错，舒适的睡床让人一点也不会感到颠簸，把旅途也变成了一种享受，沿途还可俯瞰沙巴山区的纯朴风景。到达小镇后入住最豪华的酒店，定是一趟不寻常的旅途。

畅游越南　越南其他

看点 02 沙巴恋爱市集
越南最有特色的一处市集

沙巴最具特色的著名恋爱市集就位于镇上天主教堂前的小广场上，每到周末傍晚，镇上的众多青年男女都会聚集到这里。根据当地的风俗习惯，如果在恋爱市集上有小伙看中了哪家的姑娘，只需要上前握住那姑娘的手，姑娘若没有把手收回，就表示对小伙也有好感，俩人就可以开始恋爱了；如果姑娘将手缩回，那小伙子就只能去寻找别的爱人了。整个气氛十分热闹，与教堂庄严肃穆的气氛形成了鲜明对比。

看点 03 沙巴教堂
沙巴的标志性建筑

沙巴教堂始建于1903年，那时沙巴还没有一幢高楼，两名法国传教士来到这里之后，这幢风格迥异的教堂很快就建了起来。教堂全部用石块建造，风格古朴，庄严肃穆。一开始人们只敢站在远处用好奇和疑惑的目光仰望教堂那高高耸立、直指云天的钟楼，后来才渐渐开始认识并且崇拜起他们以前根本没有听说过的圣母玛利亚和耶稣，成了虔诚的信徒。从那时起，沙巴人的生活也开始发生变化。一百多年来，每天早上6点、中午12点、下午6点，教堂都会定时地敲响大钟，洪亮的钟声会久久地在沙巴洁净的天空回荡。20世纪二三十年代，两名传教士先后去世，至今仍被安葬在教堂后面，被教徒们永远铭记。如今沿着教堂后面百年前铺就的石阶小路就可以看到这两座制作精良的坟墓，与教堂一起成了沙巴的著名景点。

看点 04 | 爱情瀑布
富有浪漫传说的瀑布

爱情瀑布距沙巴镇西南约4公里，是沙巴旅行中不可错过的地方。沿着蜿蜒曲折的红土路就可以到达爱情瀑布。远看瀑布犹如迎着阳光闪烁的一只斗笠。爱情瀑布虽不算宽，但落差极大，弯弯一条金泉流光溢彩，两岸葱茏翠绿的玉竹丛，构成了一幅绝美的画卷，美不胜收。从右边拾级而上，瀑布中间架着桥，从左边可以下山，人们围着瀑布绕行，能感觉到细小的水雾扑面而来，十分清新。

看点 05 | 番西邦山
越南最高峰

位于沙巴镇西面的番西邦山亦称黄连山，属红河和黑水河之间的番西邦-沙芬山脉，3143米高的越南最高峰番西邦峰就在这里，故也被称为"印度支郡的屋顶"。目前这座山处于未开发的状态，山势起伏较大，攀登有一定的难度，且需要露营在山上，因此比较适合户外徒步登山爱好者。不过普通游客也不必失望，山麓周围散布着很多少数民族村庄，徒步游览山间村庄也别有一番风味。

09 北河市集

深入少数民族的传统民俗中

TIPS
📍 Bắc Hà, Lào Cai, Việt Nam ★★★★

北河是一个小小的高地山镇,与沙巴比起来,虽然景色稍逊,但更为安静且温暖。北河周边生活着10个山地土著部落,当地的少数民族都定期来此购物或是贩卖商品,形成了越南最有看头的集市之一。每到周末这里就变得繁忙起来,穿戴着五颜六色服饰的高山部落妇女都纷纷来到这里摆摊,她们的孩子则追逐着游客,整个小镇变得异常热闹。她们出售的商品以各种独特的工艺品为主,在别处是买不到的,因此特别受外国游客的青睐。其中最让人感兴趣的商品就是她们的私酿酒,为此还特别形成了一个私酿酒专卖区。即使不愿加入淘货大军,找家店坐下来喝杯咖啡,看看众多穿着特色民族服饰的妇女们从眼前经过,想必也是极好的旅行体验。此外附近还有几个市场也很有意思,而且距离都不超过20公里。其中距中国边境9公里的Can Cau market是越南最有异国情调的露天市场之一,市场在周六开放。Coc Ly market在周二开放,陆路和水路都可以到达,沿途还可以欣赏村庄。这些市集无疑是了解越南民风民俗的最好途径。

10 维莫隧道

四通八达的地下城

TIPS
📍 Vĩnh Thạch, Vinh Linh District, Quang Tri province 💰 20000越南盾 ★★★★

永灵县是越战中遭轰炸最严重的地区之一,当时为了躲避美军飞机的轰炸,有人建议搬到地下居住。维莫隧道系统的建设始于1966年,1971年投入使用,是一个三层楼的隧道设施,包括住房、医院等。整个隧道总长约2公里,两边是小型房间供人们居住,中间是一个150座的大厅和附带有产房的医院,可容纳60个家庭。其中有7个出口连接着大海,6个靠近一个小山包,都可以起通风作用。在战争期间很好地保护了这里的人民,共有17个孩子出生在隧道里。随着时间推移,它变为了一个兼具见证历史和勇敢者探索的胜地,被列为历史古迹并向公众开放。如今维莫隧道已经成为最著名的旅游景点之一,依然保持着原样,当时人们使用的设施还原封不动地留在原处,并且配上了很多图片资料,让人们对这里产生十分深刻的了解。

11 吉仙国家公园
越南最大的热带雨林森林公园

TIPS
Cat Tien National Park ★★★★

吉仙国家公园是一座位于越南同奈省、林同省、平福省三省交界处的国家公园，占地71920公顷，为越南最大的热带雨林区，也是一个新兴的自然风景区。这里的生态环境虽然曾因为越南战争的缘故遭到了不同程度的破坏，但在战后得到了很好的恢复，来到这里的游客们能够看到雨林、溪流、沼泽等多种自然景观。同时吉仙国家公园也是越南野生动物的重要聚集地之一，包括鹿、羚羊、野牛、亚洲黑熊、豹猫、果子狸、亚洲野犬、老虎、亚洲象等野生动物都会在这里出现。来到这里的人们不仅能够体验热带雨林里的独特生活方式，还能品尝各种独特的美味佳肴。

12 滇越铁路
连接中越的铁路

TIPS
Lao Cai province, Vietnam ★★★★

滇越铁路修建于1903年，是我国连接越南的第一条铁路，也是我国为数不多的"米轨"铁路之一，原本是法国殖民当局根据不平等条约而修建的，起于原法属殖民地越南的海防，经老街中越边界进入云南，全长854公里，分为越南段和云南段。曾经因其险峻卓绝的设计和浩大的工程，被当时世界有名的英国《泰晤士报》称为与苏伊士运河、巴拿马运河齐名的"世界三大工程奇迹"。如今这条极具历史意义的铁路虽然不再繁忙，但历经百年风雨后至今仍在运营。20世纪80年代的中国绿皮车，木板凳的硬座，破旧的站台，昏暗的灯光，冒着蒸汽的机车，这一切在这里都神奇般地再现了，坐上火车穿越越南绝对会是一次神奇的经历。

畅游越南 VIETNAM GUIDE
索引 INDEX

A

Au Manoir De Khai	177
安东市场	188
安贡馆 (Quan An Ngon)	076
安泰群岛	201

B

Bát Tràng 制陶村	078
Blue Ginger	179

巴贝国家公园	207
巴马国家公园	109
巴拿山	119
巴亭广场(Quang Truong Ba Dinh)	054
白马寺	070
保大3号避暑行宫	154
北河市集	212
滨城市场	175

C

Cai Rang 水上市场	199

堤岸观音寺	182
堤岸唐人街	184
滇越铁路	213
东巴市场	106
斗兽场	105

F

疯狂屋	155
冯兴古宅	127
福安会馆	185
福清寺	130
富国岛	200

G

高级丝织品连锁店"Khai Silk"	074
高台教圣地	190
古岱海滩	133

Cam Chi Food Street	075
Caravelle酒店	169
Continental Saigon酒店	170
Craft Link慈善商店	073
草禽园	161
春香湖	146

D

Dong Khoi购物大街	167
Dong Xuan市场	072
达坦拉瀑布	157
大叻电视塔	148
大叻花园	147
大叻火车站	149
大叻市场	151
大叻天主教堂	148

古芝地道	189
关帝庙	131

H

Hanoi Smile漆器店	075
Highlands Coffee	176
还剑湖	052
海云关	118
河内大教堂	061
河内歌剧院	064
河内西湖	067
胡志明人民委员会总部	164
胡志明市博物馆	171
胡志明市大剧院	168
胡志明市美术博物馆	173
华庐监狱博物馆	071
会安古城	122

J

吉婆岛	087
吉仙国家公园	213
嘉隆陵	100
旧东门	052
菊芳国家公园(Cuc Phuong National Park)	081
觉林寺	186
觉圆寺	187
军事博物馆	059

L

La Mát养蛇村	080
拉希姆清真寺	175
浪平山	149
历史文化博物馆	128

灵福寺	150
龙海海滩度假村	193
龙山寺	137
陆龙湾(Tam Coc)	080
吕望炙鱼脍(Cha Ca La Vong)	077

M

马里阿曼印度庙	177
芒街	202
美奈	203
美山遗址	133
美拖	194
妙谛国寺	108
明命陵	102

P

Pho Oso	189
PHO2000河粉店	176
庞卡尔瀑布	156
平西市场	183
婆那加占婆塔	138

Q

启定陵	101
情人谷	152

R

日本廊桥	126

S

Sapa Store	075
三十六行街(36 Bank Street)	053
沙巴	208
沙黄文化博物馆	130
山茶半岛	113
绍治陵	104
升龙水上木偶剧院	64
圣母大教堂	108
圣母玛利亚天主堂	167
水上海鲜市场	091
顺安海滩	109
顺化皇城	094

T

Thap Ba温泉中心	143
陶瓷贸易博物馆	129
天后庙	188
天姥寺	100
统一宫	165
头顿海滩	191

V

Van Phúc丝绸村	079

W

维莫隧道	212
文庙	062
五行山	117

X

西贡河	160
西贡水上公园	162
西贡中央清真寺	174
下龙湾风景区	084
岘港大教堂	112
香河航行	107
香塔(Perfume Pagoda)	077

新奇屋	132
巡洲岛	090

Y

芽庄大教堂	136
芽庄国家海洋博物馆	142
芽庄海滩	139
芽庄四岛游	140
耶稣山	192
永隆水上市场	198
玉皇庙	178
玉山祠	060
越南妇女博物馆	063
越南国家美术馆	063
越南历史博物馆	058
越南历史博物馆	172
越南民族博物馆	066

Z

占婆雕刻博物馆	115
战争遗迹博物馆	179
珍珠岛	141
镇国寺	069
镇武观	065
中央邮局	163
钟屿石岬角	142
钻石购物中心	166

考拉旅行书目，带您乐游全球！

○ 畅游系列！

图书在版编目（CIP）数据

畅游越南/《畅游越南》编辑部编著．—北京：华夏出版社，2020.1
ISBN 978-7-5080-9757-2

Ⅰ．①畅… Ⅱ．①畅… Ⅲ．①旅游指南－越南 Ⅳ．①K933.39

中国版本图书馆CIP数据核字（2019）第088639号

畅游越南

作　　者	《畅游越南》编辑部
责任编辑	杨小英
责任印制	刘　洋

出版发行	华夏出版社
经　　销	新华书店
印　　装	北京华宇信诺印刷有限公司
版　　次	2020年1月北京第1版　2020年1月北京第1次印刷
开　　本	720×920　1/16开
印　　张	14
字　　数	200千字
定　　价	58.00元

华夏出版社　网址：www.hxph.com.cn　　电话：（010）64663331（转）
　　　　　　地址：北京市东直门外香河园北里4号　邮编：100028
　　　　　　若发现本版图书有印装质量问题，请与我社营销中心联系调换。

考拉旅行　乐游全球